一维与多维视角下
贫困测度与减贫评价

高艳云　著

西南财经大学出版社

四川·成都

图书在版编目(CIP)数据

一维与多维视角下贫困测度与减贫评价/高艳云著.—成都:西南财经大学
出版社,2021.4
ISBN 978-7-5504-4811-7

Ⅰ.① … Ⅱ.①高… Ⅲ.①农村—贫困问题—研究—中国
Ⅳ.①F323.8

中国版本图书馆 CIP 数据核字(2021)第 039815 号

一维与多维视角下贫困测度与减贫评价
高艳云 著

总 策 划:李玉斗
责任编辑:李才
助理编辑:吴强
封面设计:墨创文化
责任印制:朱曼丽

出版发行	西南财经大学出版社(四川省成都市光华村街 55 号)
网 址	http://www.bookcj.com
电子邮件	bookcj@ swufe.edu.cn
邮政编码	610074
电 话	028-87353785
照 排	四川胜翔数码印务设计有限公司
印 刷	四川五洲彩印有限责任公司
成品尺寸	170mm×240mm
印 张	11.75
字 数	243 千字
版 次	2021 年 4 月第 1 版
印 次	2021 年 4 月第 1 次印刷
书 号	ISBN 978-7-5504-4811-7
定 价	68.00 元

前　言

2015 年，联合国发展峰会通过了《2030 年可持续发展议程》，"在全世界消除一切形式的贫困"的目标位于该议程 17 个目标之首，标志着国际减贫合作从"千年发展目标"迈进到"2030 年可持续发展目标"阶段。世界银行也提出到 2030 年消除极端贫困。可以说贫困是一个在世界范围内受到高度重视的问题。

对中国来说，摆脱贫困是中华民族几千年来的梦想与期盼。习近平总书记在 2015 年减贫与发展高层论坛上指出，消除贫困，自古以来就是人类梦寐以求的理想，是各国人民追求幸福生活的基本权利。第二次世界大战结束以来，消除贫困始终是广大发展中国家面临的重要任务。

改革开放 40 多年来，中国对世界减贫贡献率超过 70%。根据联合国《2015 年千年发展目标报告》的分析，千年发展减贫目标的实现，主要依靠中国。因此，世界银行前行长金墉曾评价中国的扶贫事业是"人类历史上最伟大的事件之一"。中国的扶贫工作也被国外专家盛赞：中国消除极端贫困的成就，超过了人类文明史上任何国家。如今，中国如期打赢脱贫攻坚战。我们也相信在联合国《2030 年可持续发展议程》的减贫目标实现过程中，中国的减贫经验会为国际减贫行动提供理论和实践指导。

在全人类取得历史性减贫成效的同时，也应看到，站在全球的角度，目前仍有超过 7 亿人生活在极端贫困线以下，减贫工作还任重道远。全人类应坚定携手向贫困宣战，积极践行人类命运共同体理念，以消除绝对贫困和缓解相对贫困为目标导向，积极开展减贫行动，加强减贫合作，提高全人类的福祉。

在这样的背景下，尽管中国在新的阶段将由绝对贫困转向相对贫困，但是这并不意味着贫困的消除，也不意味着贫困问题不重要，相反我们应该继续重视对贫困问题的研究。

近年来多维贫困成为贫困研究的热点话题。联合国指出，贫困不只是缺乏收入和资源导致难以维持生计，还表现为饥饿和营养不良、无法充分获得教育和其他基本公共服务、受社会歧视和排斥以及无法参与决策。这反映了贫困的多维特征。联合国从2010年开始采用多维贫困的概念，并逐年颁布多维贫困指数（MPI），取代了之前编制的人类贫困指数（HPI）。从一维贫困到多维贫困，体现了随着经济社会发展，人们对贫困认知和理解的与时俱进。

本书在一维和多维两个视角下，对贫困测度方法进行了系统研究，进一步对相关减贫评价方法进行了研究，同时分析了未来与贫困相关的学术研究和实践中需要进一步深入的问题。

本书受"跨越绝对贫困后山西农村反贫困政策研究"项目资助。王曦璟博士、王晶博士以及张世君、王玉丹、马瑜等都参与了研究，为本书成稿做了大量的工作，在此表示感谢！同时也对一直给予我帮助的老师、同事、家人表示感谢！

高艳云

2020 年 12 月

目　录

第一章　全球视角下的贫困研究与中国减贫

第一节　贫困研究概要

一、贫困概念的演化

习近平总书记在 2015 年减贫与发展高层论坛上指出，消除贫困，自古以来就是人类梦寐以求的理想，是各国人民追求幸福生活的基本权利。第二次世界大战结束以来，消除贫困始终是广大发展中国家面临的重要任务①。即使在发达国家，减贫也是备受政府重视的问题。

从理论上来说，贫困最终可能上升到不平等的层面，是政治哲学的核心。随着经济和社会的发展，人类对贫困的认识逐渐深化。从简单认为食不能果腹为贫困，到认为不能满足基本可行能力为贫困，人类对贫困的认识逐渐丰富。政治学、经济学、社会学、发展学等多种学科下也殊途同归地提出和完善了多种贫困概念，指出贫困是从一维到多维的演进。这些概念有助于我们识别贫困和制定扶贫政策②。

（一）经济学视角下的贫困概念

经济学视角从是否能够满足基本需要（basic needs）的角度来定义贫困。当人们无法满足他们基本需要的时候就被定义为贫困。在这个概念下，要确定一个人是否处于贫困，则首先需要明确"基本需要"是由什么构成的。事实上，基本需要这个概念经历了一个发展的过程：其最初是指最基本的食物需

---

① 中国新闻网. 习近平：为 8 亿多人仍然在挨饿而担忧 [EB/OL]. (2015-10-16). http://www.chinanews.com/gn/2015/10-16/7572996.shtml.

② 王小林. 贫困测量：理论与方法 [M]. 北京：社会科学文献出版社，2012.

求；在联合国制定"千年发展目标"（the millennium development goals，MDGs）时，这一概念被拓展到食物、衣着、住房、健康、教育等多个方面。基本需要概念的发展是一个从简单到复杂、从一维到多维的变化过程。

（二）社会学视角下的贫困

经济学视角下定义的贫困，突出了收入的重要性，但是所考虑的因素较为简单。从社会学角度定义的贫困，考虑了个人或家庭在社会中所处的地位，提出了剥夺和社会排斥的概念。剥夺这一概念可以识别出谁是穷人并设定贫困线；社会排斥主要考察那些被排斥在社会福利制度之外，不能参与社会经济活动的人。社会学视角下的贫困概念更为宽泛，内涵更为深刻。

剥夺这个概念主要关注由于资源缺乏而导致的被剥夺状态，进而导致贫困。它可以帮助识别谁是穷人，判断需要多少收入以消除其被剥夺的状态。依据这一思路定义贫困包括三个步骤：第一步，需要确定哪些商品和服务是必需的，即前文讨论的基本需要；第二步，需要识别谁缺乏这些商品和服务；第三步，需要区分哪些人是没有能力支付必需的商品和服务，哪些人是有支付能力但不希望拥有的。那些没有能力支付必需的商品和服务的人，最终被确定为贫困者。

（三）发展学视角下的能力贫困

从发展学角度来看贫困，贫困主要体现为能力贫困。阿马蒂亚·森（Amartya Sen）的著作 *Development as Freedom*，深入讨论了"以能力看待贫困"的问题，从而使人类对贫困的认识有了一次革命性的飞跃①。收入只是实现一定福祉水平的工具，而能力才是让人避免贫困的基石，是最根本的保障。

阿马蒂亚·森的能力方法或能力贫困概念，受到了亚当·斯密的影响。亚当·斯密举例说，一个人能够不羞愧地出没于公共场合的能力是一种基本需要，不能满足这种基本需要即可被认为是贫困。亚当·斯密还认为，作为出席会议的需要，一个人应该拥有一件亚麻衬衫。阿马蒂亚·森就亚当·斯密的观点进行讨论，认为不羞愧地出没于公共场合的能力是一种绝对能力，而需要一件亚麻衬衫来实现这种能力是一种社会交往所决定的相对需要（Sen，1983）②。阿马蒂亚·森提出，我们有很好的理由认为贫困是一种基本能力（basic capabilities）剥夺，而不仅仅是收入低下。基本能力剥夺，可以表现为过早的死亡、明显的营养不良（特别对于儿童）、持续的发病、普遍的文盲以及其他不足（Sen，1999）③。

---

① SEN A. Development as freedom [M]. Oxford：Oxford University Press, 1999.
② SEN A. Poor, relatively speaking [J]. Oxford Economic Papers, 1983, 35 (2)：153-169.
③ 同①。

阿马蒂亚·森的贡献实质上是将贫困定义的逻辑进行了进一步延伸，即"贫困—福祉被剥夺—基本需要不满足—基本能力不具备"。阿马蒂亚·森认为，从能力剥夺的视角认识贫困更具有政策意义。一是贫困可以用能力的被剥夺来容易地识别，它更加关注被剥夺的实质，而收入仅仅是一种识别贫困的手段或工具。二是收入不是产生能力的唯一工具，还有其他影响能力被剥夺的因素。三是低收入与低能力之间的联系，在不同的社区、不同的家庭和不同的个体之间是可变的。例如，收入与能力的关系受人的年龄（老人和儿童有特定的需要）、性别和社会角色（例如母亲的特定责任或约定俗成的家庭义务）、所在的地域（如易受洪涝或干旱和一些城市的不安全或暴力）、流行病滋生的环境，以及个人无法或只能有限地控制的其他种种因素影响（Sen，1999）①。这就表明，从收入转化为能力，受许多因素影响。儿童、老人、残疾人、病人，需要更多的收入才能实现与别人相同的功能性活动。

从发展学视角分析贫困的重要贡献是，把注意力从手段（收入）转向了真正的目的，加强了我们对贫困和剥夺的性质及原因的理解。对贫困的正确认识，就自然而然地拓展了对不平等的认识。很多经济学家和社会政策专家在对不平等进行研究时，将太多的注意力集中于收入不平等这一非常狭窄的领域。这种狭隘性，使得我们不能从其他视角去看待不平等，这对制定经济政策具有深远的负面影响。当前，很多应对不平等的公共政策，主要关注"基尼系数"这一测量收入分配不平等的指标。其实，"基尼系数"就像阿马蒂亚·森批评用收入来测量贫困的不足一样，只是关注了"手段"，而把"目的"丢在了一边。因此，阿马蒂亚·森指出："收入不平等和经济不平等的区别是很重要的。"哈特利·迪恩（2009）②对阿马蒂亚·森的观点进行了总结，他指出，我们对商品的需要是相对的，它完全取决于我们身处的社会和经济环境，但是，我们对能力的需要——对作为人类社会一员而发挥适当作用的自由的需要——则是绝对的。

（四）政治学视角下的权利剥夺理论

从权利的视角分析贫困，将贫困问题看作是政治问题，其内涵已经远远超出经济学、社会学和发展学的视角。权利剥夺理论十分丰富，其典型代表为马克思的阶级理论以及阿马蒂亚·森的权利理论。

马克思认为，至今一切社会的历史都是阶级斗争的历史。马克思的理论认

---

① SEN A. Development as freedom［M］. Oxford：Oxford University Press，1999.

② 哈特利·迪恩. 社会政策学十讲［M］. 上海：格致出版社，2009.

为无产阶级是一个贫困的阶级，是一个受剥削受压迫的阶级。为此，只有拿起武器进行革命才能实现无产阶级的人身自由和解放。

阿马蒂亚·森认为，贫困不仅仅是指一个人身处贫困状态，而且包括由个人条件和社会环境限制所造成的机会缺失，从而使其失去选择自由。人们之所以贫困是由于缺少获得正常生活的权利。他对饥荒和权利的关系也进行了深入分析，发现世界历史上发生大饥荒的国家，都不是因为这个国家没有充足的粮食，而是因为粮食不能够分配到需要粮食的人口手中。因此，阿马蒂亚·森将饥荒的原因归结为权利的不平等和分配的不平等。建立稳定的社会权利范式，有效保障人的各项权利，是解决贫困与饥荒问题的根本途径。按照阿马蒂亚·森的理论，向穷人赋权是解决贫困问题的根本途径。

具体到中国来看，中国成功减贫的根本经验就是对穷人的赋权。首先，是土地改革带来的生产权利赋权。中国通过农村土地家庭承包制，让每一个家庭拥有基本平等的土地份额，让每一个农民拥有在其承包的土地上自由耕作的权利，让每一个农民拥有分享土地剩余价值的索取权。其次，是劳动力的有序流动，允许农村富余劳动力向城市部门和工业部门流动并在非农领域就业。最后，允许先富起来的农民进行创业，开办乡镇企业和私人企业。事实上，这些改革充分赋予了农民生产、交易、流动的权利。这些权利正是阿马蒂亚·森强调的消除贫困的基本权利保障。

由此可见，随着经济发展水平的提高和人类思想意识的进步，贫困的内涵也在不断发展。在阿马蒂亚·森的能力理论基础上，多维贫困的概念和测度方法被提出并逐渐得以丰富和完善。

二、多维贫困概念的提出

多维贫困（multidimensional poverty）理论的主要创始者为 1998 年诺贝尔经济学奖获得者阿马蒂亚·森。阿马蒂亚·森对贫困的定义方法被称为能力方法，能力是指人们享有实质性自由的能力，具体包括免受饥饿、免受营养不良、避免可以避免的疾病和避免过早死亡等的能力，贫困则是对人的基本可行能力的剥夺，而不仅仅是收入低下。因为除了收入低下以外，还有其他因素也影响可行能力的被剥夺，从而影响到真实的贫困。阿马蒂亚·森认为，衡量发展的福利包括两个方面：一方面是每个个体在社会上所实现的客观福利，例如人均纯收入；另一方面是每个个体对于其生活状况的主观评价，例如对孩子接受的义务教育是否满意，对新型农村合作医疗保险制度是否满意。当全球存在着大量绝对贫困人口的时候，无论是政府还是研究者都应该将精力更多地花在客观福利改进上。但当国民收入有了显著提升，即客观福利指标明显改善后，相对贫困就成为公共政策需要关注的主要方面。因此，阿马蒂亚·森提出了以能力方法定义贫困的多维贫困理论。多维贫困的核心观点是，人的贫困不仅仅是收入的贫困，也包括饮用水、道路、卫生设施等其他客观指标的贫困和对福利的主观感受的贫困。

多维贫困的概念是随着贫困理论的发展而逐渐被提出来的。通常来说，贫困有三种类型：绝对贫困、相对贫困和社会排斥。绝对贫困是指个体缺乏足够的资源来满足其生存的需要。相对贫困是指相对于平均水平而言，个体缺乏日常生活所需的一些资源；或者说相对于平均水平而言，个体不能获得日常生活中所需要的全部资源。社会排斥强调的是个体与社会整体的断裂。英国政府把社会排斥描述为"当个体或地区暂时处于失业状态、劳动技能低、低收入、简陋的住房、高犯罪率、卫生条件差、较高的离婚率时，就称为存在社会排斥"。

从贫困概念的发展可以发现，衡量贫困的标准已经越来越不局限于收入这样的货币标准。从多个维度定义和识别贫困，越来越成为反贫困所必须依据的基础，如英国针对饮用水和燃料等制定了专门的贫困线。英国政府把饮用水贫困定义为：如果家庭水消费支出超过税后收入的3%，则为饮用水贫困。2006年，英国约有10%的家庭处于饮用水贫困状态。燃料贫困是指一个家庭取暖费超过家庭消费支出的某一比例。英国公认的燃料贫困定义为，一个家庭的取暖费超过收入总和的10%。

多维贫困理论提出后，牛津大学国际发展系创立了牛津贫困与人类发展中心（Oxford Poverty and Human Development Initiative，OPHI）。该中心提出和发展了多种方法，建立了强大的研究团队，多个国家利用其提出的方法测算了各自的多维贫困指数。

此外，与阿马蒂亚·森的理论相并列的还包括人类发展理论。该理论认为，收入是重要的，但是收入对于发展的测度是有局限的。因此1997年联合国人类发展报告引入了人类贫困指数HPI（human poverty index），后来用多维贫困指数MPI（mutidimensional poverty index）替代了该指数。

三、世界银行与联合国对贫困认识的比较

世界银行和联合国作为两个有重要影响力的国际机构，都对贫困问题给予了高度的重视，从标准设定、贫困监测等角度都进行过深入的研究。2013年，

世界银行集团提出了该组织的两个目标：第一个是消灭极端贫困，即到 2030 年将生活水平在 1 天 1.9 美元以下的贫困人口减少到 3% 以下；第二个目标是共享繁荣，即提高每个国家最穷 40% 人口的实际人均收入。贫困的标准也进行过很多次测算，分别提出过 1 天 1 美元、1.25 美元、1.5 美元、1.9 美元等标准。2015 年 9 月，联合国的各个成员国同意设立 2030 年可持续发展目标（sustainable development goals，SDGs，见本章末附录 1、2），其中第一条也是最重要的一条是消灭各种形式的极端贫困。从表述来看，SDGs 也反映了多维的概念，即贫困是在多个福利指标上的被剥夺。将"在全世界消除一切形式的贫困"置于该议程 17 个目标之首，贫困问题的重要性不言而喻。

如此看来，两个机构在关于贫困问题上的认识还不完全相同，关于消除贫困的发展目标上也存在一些争议，比如：贫困标准保持不变是什么含义？当价格发生变化如汇率发生变化时，按照 PPP① 调整之后 1 天 1.25 美元的贫困线是什么含义？另外，我们使用标准的 PPP 指数吗？还是要考虑到穷人并没有消费一般社会里人均所消费的消费篮子产品？

在贫困的多维性方面，联合国的研究则领先一步。作为 OPHI 和联合国人类发展报告委员会顾问的 Tony Atkinson，在其报告"Atkinson Commission Report"中建议世界银行的《全球贫困监测报告 2016》应该包括六个方面——工作、暴力、健康、营养、教育和生活条件②，这其中就体现了多维的思想。

四、联合国对多维贫困研究的重视

目前国际机构对多维贫困的研究主要集中在联合国。

（一）HPI、MPI 与 MDGs

1997 年联合国的人类发展报告引入了人类贫困指数 HPI（human poverty index），该指数是通过在几个关键维度上测度人类被剥夺的程度，来反映人类的贫困。

在 2009 年后，联合国决定使用新的多维贫困指数——MPI（multidimensional poverty index）。该指数以微观数据为基础，在教育、健康及生活条件等维度进行分析。那么为什么联合国要使用新的 MPI 来代替 HPI 呢？因为 HPI 是一个在宏观层面综合汇总以观察总体贫困的指数，它不能识别被定义为贫困的个

①　purchasing power parity，即购买力平价。
②　参考世界银行网站 https://www.worldbank.org/en/programs/commission-on-global-poverty。

人、家庭。MPI 则能识别有哪些人或家庭发生了贫困，平均来看这些人或家庭一共在多少维度上存在贫困，就能够识别贫困的广度和深度。同时，MPI 可以进行性别、年龄、地区、维度等方面的分解。联合国测度 MPI 所使用的方法主要是 AF 方法（详见第三章），在所考察的指标中超过 1/3 的指标上存在贫困就被识别为多维贫困。

联合国的 MPI 与"千年发展目标"MDGs 有着紧密的联系。MPI 中的指标主要参考联合国"千年发展目标"中的指标（见表 1-1），考察了健康、教育和生活条件 3 个维度共 10 个指标，具体为家庭中成人的受教育年限、适龄儿童在学情况、家庭中有无儿童死亡、家中是否通电、卫生设施状况、有无清洁的饮用水、地板、做饭燃料、电器资产的拥有状况等[①]。

HPI 和 MPI 这两个贫困指数都体现了一种多维贫困的思想，但不同的是 HPI 是国家宏观层面的数据汇总得到，反映了健康、教育和生活水准维度的被剥夺，而 MPI 则可以从微观层面即个人或者家庭层面来测度，不仅能反映贫困剥夺的发生率，也能反映贫困剥夺的深度，能够进行多方面的分解，了解贫困的相对构成比例。换言之，MPI 支持个人或家庭层面的微观数据。

表 1-1 联合国 MPI 指标设计

维度	指标	临界值	权重
健康	营养不良	家中任一成年人或儿童营养不良	1/6
	儿童死亡	近 5 年家中有任意儿童死亡	1/6
教育	受教育年限	任意 10 岁及以上家庭成员受教育年限不满 5 年	1/6
	儿童入学情况	任意 8 年级前的学龄儿童不在学	1/6
生活条件	电	不通电	1/18
	卫生设施	卫生设施没有改善，或者是几家共用	1/18
	安全饮用水	家庭没有安全饮用水，或者安全饮用水在 30 分钟的路程之外	1/18
	地板	地板脏、沙子地板或者有粪便	1/18
	做饭燃料	粪便、木头或者木炭	1/18
	资产	家里拥有收音机、电视、电话、自行车、摩托车的总数量不超过 2 件，并且不拥有车或者卡车	1/18

---

① ALKIRE S, SANTOS M E. Acute multidimensional poverty: A new index for developing countries [C]. Oxford: OPHI working paper, 2011 (38).

（二）全球 MPI

全球 MPI 于 2010 年首次发布，并每年更新数据。根据 2020 年全球 MPI 报告，在 107 个发展中国家中，有 13 亿人口被定义为多维贫困人口，其中儿童这个群体的多维贫困率最高，50% 是 18 岁以下的儿童，32% 为 10 岁以下的儿童，1.07 亿多维贫困人口是 60 岁以上老人。在将近 1/3 的研究国家中，儿童的多维贫困要么没有下降，要么下降得比成年人慢。2020 年多维贫困人口 85% 分布在农村，15% 分布在城市。从地域分布来看，84.3% 的多维贫困人口生活在撒哈拉以南的非洲和南亚地区；从国家分布来看，67% 的多维贫困人口在中等收入国家。在撒哈拉以南的非洲地区的 14 个国家，多维贫困人口数量有所增加，尽管 MPI 值在下降。

在 13 亿多维贫困人口中，82.3% 的人口至少在 5 个指标上同时存在剥夺。在被覆盖的 59 亿人口中，71% 的人口至少在 1 个指标上存在剥夺。生活在农村地区的多维贫困人口更容易受到环境指标的影响，如 20.4% 的发展中国家的多维贫困人口缺乏清洁燃料能源。在撒哈拉以南的非洲地区，环境剥夺更为突出，至少 53.9% 的人口是多维贫困人口，并面临至少 1 个环境指标的剥夺。平均来看，环境剥夺对平均的 MPI 贡献占到 24.6%。图 1-1 根据联合国 2020 年 MPI 报告给出了 3 种生活条件或环境因素对 MPI 的影响，表 1-2 和表 1-3 列出了全球 MPI 测算的地域分布和每年更新情况。

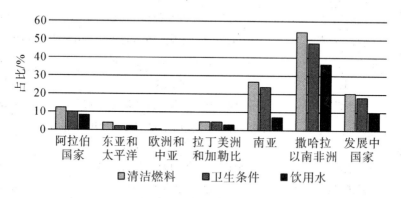

图 1-1　2020 年 MPI 报告中三种环境因素分析

表 1-2　MPI 指标覆盖地域分布　　　　　　　　　　单位:%

地区	年份					
	2010	2011	2013	2014	2015	2016
南亚	51	50	57.90	52	58	53
撒哈拉以南非洲	28	29	39.20	29	34	32
东亚和太平洋	15	16	0.30		5	9
拉丁美洲和加勒比	3	2	0.50		1	
阿拉伯国家	2	2	2.00		2	
中东欧和独联体	1	1	0.1			

注: 2014 年和 2016 年数据有残缺。

表 1-3　MPI 的更新情况

年份	包括国家	更新情况	估计 MPI 所用数据
2020	107 个 (28 个低收入国家、76 个中等收入国家、3 个高收入国家)	25 个国家	2008—2019
2016	102 个 (52 亿人口)	14 个国家 15 组数据	2004—2015
2015	101 个 (31 个低收入国家、68 个中等收入国家、2 个高收入国家) (52 亿人口)	32 个国家 (其中增加了 6 个新的国家)	2004—2014
2014	108 个 (31 个低收入国家、67 个中等收入国家、10 个高收入国家) (54 亿人口)	33 个国家 (其中增加了两个新的国家)	2002—2013
2013	104 个 (29 个低收入国家、67 个中等收入国家、8 个高收入国家) (54 亿人口)	16 个国家	2002—2011
2011	109 个 (53 亿人口)	25 个国家	2000—2010
2010	104 个 (52 亿人口)		2000—2008

　　全球 MPI 还分析了极端贫困情况。极端贫困被定义为在超过 1/2 的指标上均存在贫困。联合国除了测算全球 MPI，还颁布了儿童 MPI、商业 MPI 等。

第二节　全球及中国的减贫理念

一、国际机构减贫理念

在 2000 年召开的联合国千年首脑会议上，通过了以减贫为首要目标的"千年发展目标"。那时以来，各国为实现"千年发展目标"积极采取行动，经过不懈努力，全球在消除贫困、普及教育、防治疟疾和肺结核等传染病、提供清洁饮用水、改善贫民窟居住条件等方面取得积极进展，特别是"千年发展目标"中的减贫目标基本完成，全球减贫事业取得了重大进展。2015 年召开的联合国发展峰会上，通过了以减贫为首要目标的《2030 年可持续发展议程》，再次向世界展示了国际社会携手消除贫困的决心和信心①。

由于种种原因，贫富悬殊和地区差距扩大问题依然存在，贫困及其衍生出来的饥饿、疾病、社会冲突等一系列难题依然困扰着许多发展中国家。尽管已经有约 11 亿人脱贫，但也有 8 亿多人仍然在挨饿。实现全球减贫目标依然任重道远。

评价减贫成就时避不开的一个重要的问题是标准。世界银行是制定全球贫困标准的重要机构。世界银行曾经分别提出了 1 人 1 天 1 美元、1.25 美元、1.5 美元、1.9 美元等标准来评价全球贫困程度和减贫成就。

世界银行提出了共享繁荣、减少贫困的理念。"Our dream is a world free of poverty"，减少贫困一直是世界银行的目标。按照"千年发展目标"，到 2015 年要将贫困人口减少一半，该目标已提前 5 年实现。根据世界银行 2016 年提供的信息，可以认为：世界在减少极端贫困方面已经取得了巨大的进步。在 1990 年，将近 40%的人口生活在国际贫困线之下。2013 年，这个数据下降至 10.7%。但是仍然有 7.67 亿人口是极端贫困人口。越靠近 2030 年，极端贫困人口的减贫会变得越来越难，而减少不平等是其中关键的因素。

二、中国减贫成就及对全球减贫的贡献

随着近年来的经济发展，中国作为一个人口大国，取得了突出的减贫成就，也为全球减贫做出了巨大的贡献。

---

① 人民网. 习近平出席 2015 减贫与发展高层论坛并发表主旨演讲 [EB/OL]. (2015-10-17). http://cpc.people.com.cn/n/2015/1017/c64094-27709104.html.

根据世界银行的报道，中国减贫成就举世瞩目。从 20 世纪 80 年代开始，通过各种专项扶贫计划、扶贫攻坚计划，中国贫困人口大幅度减少，贫困地区和贫困人口的生产生活条件明显改善，公共服务水平显著提高。

按照中国政府 1986 年的扶贫标准，1978—2010 年中国的贫困人口从 2.5 亿人减少到 2 688 万人。按照 2011 年的扶贫标准，扶贫对象从 16 567 万人减少到 2015 年的 5 575 万人。按照世界银行的贫困标准（1 人 1 天 1.25 美元，2005 年购买力平价），1981—2011 年，全球贫困人口从 19.38 亿人减少到 10.11 亿人，减少 9.27 亿人；同期，中国的贫困人口由 8.38 亿人减少到 8 417 万人（2011 年），减少 7.53 亿人。相关数据见表 1-4。

表 1-4　1978—2019 年中国贫困发生率和贫困人口规模

年份	贫困发生率（%）	贫困人口规模（万人）
1978	97.5	77 039
1980	96.2	76 452
1985	78.3	66 101
1990	73.5	65 849
1995	60.5	55 463
2000	49.8	46 224
2005	30.2	28 662
2010	17.2	26 567
2011	12.7	12 238
2012	10.2	9 899
2013	8.5	8 249
2014	7.2	7 017
2015	5.7	5 575
2016	4.5	4 335
2017	3.1	3 046
2018	1.7	1 660
2019	0.6	551

资料来源：国家统计局农村住户调查和居民收支与生活状况调查。

在 2012—2019 年，中国现行贫困标准下的农村贫困人口由 9 899 万人减少至 551 万人，累计减少 9 348 万人；贫困发生率从 2012 年的 10.2% 下降至 0.6%，累计下降 9.6 个百分点。到 2020 年年底，将实现脱贫攻坚战的决胜。

中国贫困地区农民人均收入增长较快，基础设施和公共服务水平提升明显，其中行政村通电、义务教育普及、农村最低生活保障、新型农村合作医疗保险等效果比较明显。

对标联合国"千年发展目标"，中国是第一个提前实现"千年发展目标"贫困人口减半的发展中国家。2004年以来，中国粮食产量连续11年增长，用全世界不足10%的耕地，养活了全世界近20%的人口。这些都是中国对世界减贫所做出的巨大贡献。

中国的减贫与发展是在全球化背景下，以经济发展为带动力量、以增强扶贫对象自我发展能力为根本途径，政府主导、社会帮扶与农民主体作用相结合，普惠性政策与特惠性政策相配套，扶贫开发与社会保障相衔接的具有中国特色的扶贫开发，对发展中国家实现经济转型和消除贫困提供了可借鉴的模式。

作为世界上最大的发展中国家，中国在全面建成小康社会的决胜阶段，脱贫攻坚面临着诸多新挑战。一方面，脱贫攻坚面临贫困人口数量多、难度大、时间紧、易返贫等困难。另一方面，脱贫攻坚面临许多新问题，具体为：第一，脱贫攻坚面临经济下行、产业结构调整等新的环境；第二，精准扶贫体制机制还不健全，还存在"大水漫灌"或缩小版"大水漫灌"现象；第三，扶贫开发责任还没有完全落到实处；第四，扶贫合力还没有形成，财政扶贫资金分配和使用效率也有待提高，扶贫同农村低保、新农保、医疗救助、危房改造、教育救助等政策尚未有效衔接；第五，贫困地区和贫困人口主观能动性有待提高；第六，因地制宜分类指导还有待加强。

针对这些问题，"十三五"（2016—2020年）期间，中国政府把农村贫困人口脱贫作为全面建成小康社会的底线目标进行安排部署，明确到2020年我国现行标准下农村贫困人口实现脱贫，贫困县全部摘帽，解决区域性整体贫困。中国将全面实施精准扶贫精准脱贫基本方略，按照"扶持对象精准、项目安排精准、资金使用精准、措施到户精准、因村派人精准、脱贫成效精准"的要求，实施"发展生产脱贫、易地搬迁脱贫、生态补偿脱贫、发展教育脱贫、社会保障兜底"五个一批工程。国家将进一步加大财政投入、增加金融支持、强化土地政策、动员社会参与、创造良好氛围，并通过层层落实责任、严格考核机制、落实约束机制、规范退出机制等举措完善组织保障体系。

通过这些措施，中国为实现2020年消除极端贫困的目标做出了巨大努力。中国减贫对世界减贫的经验在于：发展经济是促进减贫事业发展的根本；通过适当的社会保障政策来促进减贫事业的发展；通过强有力的贫困治理制度来促进减贫事业的发展；有计划有秩序的发展规划是减贫事业的重要指导。

三、精准扶贫与共享发展的减贫理念

世界银行的宗旨是：共享繁荣，减少贫困，"Our dream is a world free of poverty"。中国政府近年来提出了"精准扶贫""精准脱贫"的理念，以达到共享发展的目标，与世界银行的思路不谋而合。

中国政府提出精准扶贫的现实背景是：经过三十多年的改革开放，中国已经使6亿多人脱贫，但中国的扶贫仍然面临艰巨的任务，贫困地区发展滞后问题没有根本改变。与过去的以地区为扶贫对象等相对粗放的扶贫方式相反，精准扶贫是指针对不同贫困区域环境、不同贫困农户状况，运用科学有效的程序对扶贫对象实施精确识别、精确帮扶、精确管理的治贫方式。一般来说，精准扶贫主要是针对贫困居民而言的，谁贫困就扶持谁。精准扶贫的目标是：通过多策并举，到2020年，产业扶持可以解决3 000万人脱贫，转移就业可以解决1 000万人脱贫，异地搬迁解决1 000万人脱贫，总计5 000万人左右，剩余2 000多万完全或部分丧失劳动能力的贫困人口，全部纳入社会保障覆盖范围，实现社保政策兜底。

"精准扶贫"最早提出是在2013年11月，习近平总书记到湖南湘西考察时首次提出了"实事求是、因地制宜、分类指导、精准扶贫"。之后习近平总书记在多个场合都强调指出要科学谋划好"十三五"时期扶贫开发工作，确保贫困人口到2020年如期脱贫，并提出扶贫开发"贵在精准，重在精准，成败之举在于精准"。

中央提出的精准扶贫工作可概括为六个"精准"：

①在扶持对象识别上下功夫，确保"扶持对象精准"；

②在扶贫项目决策上下功夫，确保"项目安排精准"；

③在扶贫资金管理上下功夫，确保"资金使用精准"；

④确保"措施到户精准"；

⑤确保"因村派人精准"；

⑥确保"脱贫成效精准"。

四、中国精准扶贫中的"多维贫困"思想

从我国政府近年来提出来的精准扶贫来看，精准扶贫体现了一种多维贫困的思想。贫困的识别和扶贫的手段也不仅仅限于收入标准，而是从房屋、受教育、医疗等角度多方位来识别贫困。

实践中有的地区按照如下程序来进行：一看房、二看粮、三看劳动力强不强、四看有没有读书郎。进村入户认真调查和甄别贫困户，抓好贫困农户精准识别和建档立卡工作，创新"三公示一公告"（乡、村、组三级公示评议和县公告）的工作程序，确保扶持对象精准。这说明贫困的识别实质上已经体现了多维贫困的思想。

但是，在政府部门的汇总统计实践中，目前仍然按照收入贫困来进行总体统计，并没有编制和公布多维贫困指数。与联合国制定的多维贫困指数对标来看，我们应该逐步引入多维贫困的具体统计方法，并向社会公布。这样就对政府的数据收集、贫困监测与评价等工作提出了新的要求。

从国际来看，目前多维贫困已经成为研究的热点，而我们的实践也体现出了多维识别和扶贫的思想。因此，这是非常好的一个契机来研究多维贫困的基本思想、方法和在中国实践中的应用。

五、后扶贫时代扶贫战略转型

2020 年实现了现行贫困标准下绝对贫困的消除，意味着中国进入了后扶贫时代。在后扶贫时代，按现行标准计算的贫困人口在统计上的消除并不意味着贫困的终结。一方面绝对贫困人口的返贫风险较大，另一方面地区发展不平衡和居民间收入差距的存在，决定了相对贫困人口将长期存在。缓解和治理相对贫困将成为未来新阶段中国扶贫工作的核心理念。

因此，后扶贫时代中国减贫战略将与时俱进地发生一些转型，包括由绝对贫困分阶段地逐步转向相对贫困、由非常规扶贫状态转变为常规化扶贫、由注重保障济贫到发展济贫与保障济贫共举、由分城乡而治转向城乡融合而治。

第一，由绝对贫困分阶段地逐步转向相对贫困。从国际来看，相对贫困标准主要适用于高收入和高福利国家。我国在跨越绝对贫困后，贫困识别和扶贫策略可以逐步转向相对贫困标准，但不宜马上转变。对贫困标准的设定、贫困人口的识别和监督、贫困人口的扶贫政策都需要发生变动。相对贫困的治理目标将转变为降低不平等、促进共享发展。

第二，由非常规扶贫状态转变为常规化扶贫。2020 年全面消除绝对贫困是党向全国人民做出的承诺，因此在人力物力财力制度等方面都采用了非常规标准。跨越绝对贫困后的扶贫应该着眼于长远，转变为常规化、制度化扶贫。

第三，扶贫方式将由保障济贫转变为发展济贫与保障济贫共举。中国的扶贫最初是地区扶贫，后来转变为人群扶贫，侧重于保障济贫，对贫困户直接兜底。相对贫困标准下，扶贫方式将更加注重发展济贫与保障济贫共举的模式。

第四，由分城乡而治转向城乡融合而治。进入后扶贫时代，短期内，由于中国多年的城乡二元经济结构的影响，城乡差距仍然较大，在相对贫困标准下，贫困人口仍然主要集中在农村，因此贫困治理的对象主要是农村贫困人口。在长期内，将通过发展经济、优化收入分配缩小城乡差距，贫困治理也将逐渐实现城乡统一标准，最终以实现共同富裕作为我们的目标。

六、相对贫困的治理

短期内，贫困的治理需要重点关注现有贫困人口和贫困边缘人口。对于目前标准下的贫困人口，实现脱贫不脱政策，也就是"对贫困户要扶上马，也要解决如何送一程的问题"。而对于贫困边缘人口来说，要关注其"防贫"问题，如农村建档立卡贫困户由于创业、就业、产业扶贫超出了低保线，但是收入在低保线2倍以内，也可以考虑执行不超过两年的"渐退期"。

对于相对贫困标准下识别的新贫困群体，需要有不同的治理政策。绝对贫困产生的原因多与恶劣的自然条件和低水平的基础设施和公共服务有关，但是相对贫困群体往往是在社会经济迅速发展过程中落伍的群体。因此，社会经济发展速度越快，越可能出现相对贫困群体，特别是在一些脆弱人群中，相对贫困发生的概率更高。比如非正规就业的群体，在产业结构调整和经济发展缓慢时期，他们的就业不稳定，容易陷入贫困；此外，受教育水平低的群体，往往多从事体力劳动，随着越来越多的行业以机器代替人力，他们可能会失去工作机会，从而陷入贫困；在社会保障制度不完善的背景下，老年人、残疾人和长期患病的人都更容易陷入贫困。

对于这类脆弱性群体，要明确相对贫困比绝对贫困产生的原因更具有多样性和周期性。导致绝对贫困的原因多是长期性的，如生存环境和个人能力，但是随着绝对贫困的消除，越来越多的偶发因素或周期性因素会成为相对贫困的致贫因素。自然灾害、市场风险、企业破产，以及家庭成员的疾病和劳动力减少，都可能会导致农村人口的收入减少，从而使其成为相对贫困人口。这部分贫困人口的识别和帮扶也是短期内贫困治理需要重点关注的。

长期来看，后扶贫时代的贫困治理与国家其他战略融合起来，会取得更好的效果。中国目前的贫困主要集中在农村，在相对贫困标准下，也将包括城市的一部分贫困人口和流动到城市的农村贫困人口。考虑到中国的贫困分布现状，在后扶贫时代，中国贫困治理在短期内应该与乡村振兴战略结合起来，在长期内与城乡融合战略结合起来。

脱贫攻坚和乡村振兴战略都是国家层面的战略决策，两者对实现"两个一百年"奋斗目标具有十分重要的意义。脱贫攻坚改善了基础设施公共服务条件，以产业扶贫为抓手，提升了贫困人口的发展能力，为贫困地区创造了益贫式的发展环境，同时也促进了乡村治理体系的完善和创新，为贫困地区的发展打下了坚实基础；乡村振兴战略的推进既会巩固产业扶贫的成果，又可化解贫困地区和非贫困地区的非均衡矛盾，有利于建立稳定脱贫的长效机制，从而巩固提升贫困地区的脱贫质量，为进一步稳定脱贫攻坚的成果提供新的保障。做好脱贫攻坚战与乡村振兴战略的有效衔接，既要抓好梯度跟进，又要抓好优化升级，进而继续推广脱贫攻坚形成的经验，推进产业扶贫的优化升级，提供高质量的金融供给服务，提高农村治理能力和水平，加大对弱势群体的社会保障力度。二者之间的关系可以概括为：摆脱贫困是乡村振兴的基础，乡村振兴战略则为巩固脱贫成果、进一步发展农村提供方向。

从长期来看，在相对贫困标准下，减贫战略应该与城乡融合战略结合起来，推动城镇化发展对全社会相对贫困的减缓有着重要的作用，能让更多人分享到城镇快速发展的成果，最终实现共同富裕。这也是社会主义发展的终极目标。

第三节　本书框架安排

一、本书内容安排

本书主要包括两大部分内容：第一部分是对相关测度方法的研究；第二部分是在一维与多维视角下减贫的评价研究。内容安排如下：

第一章是全球视角下的贫困研究与中国减贫。该章主要从历史和国际的角度，分析了贫困研究概念的演化、多维贫困概念的提出、中国和世界在一维贫困标准下取得的成就、中国减贫实践对多维贫困的需求等，作为对一维和多维贫困研究的背景介绍。

第二章是一维视角下贫困测度研究。由于多维贫困指数的构造建立在一维贫困基础上，因此该章先对一维贫困标准下贫困的识别、测度与不同贫困指数所满足的公理性质进行了初步研究，作为后面多维贫困测度方法的基础。

第三章是多维视角下贫困测度研究。该章共包括六节。第一节讨论了扩展贫困概念内涵的必要性，这是开展多维贫困的理论基础；第二节是多维贫困测度思路；第三节是多维贫困测度的公理化方法；第四节是计数方法框架及 AF

方法；第五节是多维贫困指数构建的不同加权方法；第六节是模糊集方法测度贫困。

第四章是中国多维贫困的实证测度。第一节是中国近年来多维贫困的程度及变化，本节采用 CHNS 和 CFPS 数据库对中国多维贫困指数进行了测度研究，其中包括 AF 方法和模糊集方法等。第二节是对不同加权方法下的多维贫困指数进行了比较分析，讨论了权重选择对计算结果稳定性的影响。第三节是利用模糊集方法进行多维贫困的测度。第四节则对该章测度结果和相关测度技术进行了小结。

第五章是基于分层模型的减贫效应评价。扶贫政策包括多种政策，针对教育扶贫政策和转移支付扶贫政策，该章分两节进行了讨论。该章将分层模型引入减贫效应研究，不仅仅在微观层面讨论了这两种政策对贫困的效应，同时还在宏观层面讨论了地区经济发展和公共服务供给能力对微观减贫效应的提升或制约作用。

第六章是多视角融合下的减贫分析。第一节讨论了一维与多维标准下贫困关联性的研究方法，设计了漏入率、漏出率等指标；第二节对双标准下的致贫因素进行了比较分析，指出二者的不同，并提出如果按照深层次扶贫理念，也即能力扶贫的思想，收入贫困识别标准有所单薄，因此应该将两个标准兼而顾之；第三节是将宏观与微观视角相结合对贫困进行的研究，讨论了宏观经济社会发展与微观减贫在地区层面的匹配问题，指出不匹配问题主要应该考虑宏观收入分配格局；第四节则是从动态角度进行了对贫困的分析。

第七章是研究展望，就未来的研究方向和相对贫困标准下相关数据准备进行了一定的展望。

二、本书的研究价值

联合国放弃人类贫困指数 HPI，而采用多维贫困指数 MPI，标志着多维贫困的理论在国际机构层面被认可，这将引导着未来贫困研究的实践导向。因此本书选择从多维角度对贫困开展研究，是一个较新的研究领域，也具有重要的价值。

在当前多维贫困研究受到广泛认可的情况下，本书丰富了当前多维贫困的研究。中国目前提出的精准扶贫思想，本质上体现了一定的多维贫困思想。因此本书对于中国当前和今后的贫困识别和扶贫政策制定，具有一定的指导意义。

本书希望能够系统地对多维贫困测度的方法论及方法进行研究，并通过系统的研究工作，明确各种方法的利弊及适用性以及在未来实践中的应用。进一步地，本书还考察了多维贫困在实践中的应用，讨论了贫困与经济社会发展的关系，以及扶贫政策的减贫效应。本书结合具体问题设计了许多相应的研究方法，如在将微观与宏观角度结合起来进行的分析中，设计了象限法；将一维与多维角度结合起来进行的研究中，设计了漏入率、漏出率等指标进行研究；在对政策效应进行评价时，将分层模型创新性地引入进来。

在实践中，中国目前对贫困人口的识别仍主要依靠收入贫困线。随着中国扶贫工作的深入，从仅重视一维贫困到重视多维贫困是一个必然的趋势，因此多维扶贫思想在实践中应该逐渐有所重视和落实，在政府统计实践中也应该逐渐引入多维贫困指数的监测与评价。

根据多维贫困的基本思想，未来中国在识别贫困人口时可以从多个维度多个指标来识别，并编制中国的多维贫困指数，这样可以与国际上多维贫困指数衔接起来，灵活开展与发展中国家和发达国家多维贫困的比较和判断。实践中对贫困效果的评价也可以根据多维贫困来开展。

三、本书的不足之处

贫困研究是一个非常重要的研究领域，值得我们深入研究的方法问题还有很多。本书对一维和多维视角下贫困测度的基本方法进行了系统的研究，同时也结合调查数据库对相关政策的减贫效果进行了评价分析，但是还存在一些不足之处。

第一，本书缺乏自主开展的实际调查。希望在以后的课题研究中，在有充足经费资助的条件下，能够对我国的贫困现状进行深入调研。

第二，本书主要使用微观调查数据库进行实证分析，但受到微观调查数据库调查内容、调查时间的限制，使得在不同调查数据库之间不能直接进行比较。

第三，后续对于多维贫困的政策及其评价还需要有深入的研究。

第四，后续需要充实相对贫困方法及应用研究。

附1：联合国 2030 年可持续发展目标
Sustainable Development Goals

1. End poverty in all its forms everywhere.

2. End hunger, achieve food security and improved nutrition and promote sustainable agriculture.

3. Ensure healthy lives and promote well-being for all at all ages.

4. Ensure inclusive and equitable quality education and promote lifelong learning opportunities for all.

5. Achieve gender equality and empower all women and girls.

6. Ensure availability and sustainable management of water and sanitation for all.

7. Ensure access to affordable, reliable, sustainable and modern energy for all.

8. Promote sustained, inclusive and sustainable economic growth, full and productive employment and decent work for all.

9. Build resilient infrastructure, promote inclusive and sustainable industrialization and foster innovation.

10. Reduce inequality within and among countries.

11. Make cities and human settlements inclusive, safe, resilient and sustainable.

12. Ensure sustainable consumption and production patterns.

13. Take urgent action to combat climate change and its impacts.

14. Conserve and sustainably use the oceans, seas and marine resources for sustainable development.

15. Protect, restore and promote sustainable use of terrestrial ecosystems, sustainably manage forests, combat desertification, and halt and reverse land degradation and halt biodiversity loss.

16. Promote peaceful and inclusive societies for sustainable development, provide access to justice for all and build effective, accountable and inclusive institutions at all levels.

17. Strengthen the means of implementation and revitalize the Global Partnership for Sustainable Development.

附 2：《2030 年可持续发展议程》中的贫困相关指标

1. 在全世界消除一切形式的贫穷

1.1 到 2030 年，在全球所有人口中消除极端贫困，极端贫困目前的衡量标准是每人每日生活费不足 1.25 美元。

1.2 到 2030 年，按各国标准界定的陷入各种形式贫困的各年龄段男女和儿童至少减半。

1.3 执行适合本国国情的全民社会保障制度和措施，包括最低标准，到 2030 年在较大程度上覆盖穷人和弱势群体。

1.4 到 2030 年，确保所有男女，特别是穷人和弱势群体，享有平等获取经济资源的权利，享有基本服务，获得对土地和其他形式财产的所有权和控制权，继承遗产，获取自然资源、适当的新技术和包括小额信贷在内的金融服务。

1.5 到 2030 年，增强穷人和弱势群体的抵御灾害能力，降低其遭受极端天气事件和其他经济、社会、环境冲击和灾害的概率和易受影响程度。

1.a 确保从各种来源，包括通过加强发展合作充分调集资源，为发展中国家、特别是最不发达国家提供充足、可预见的手段以执行相关计划和政策，消除一切形式的贫困。

1.b 根据惠及贫困人口和顾及性别平等问题的发展战略，在国家、区域和国际层面制定合理的政策框架，支持加快对消贫行动的投资。

第二章　一维视角下贫困测度研究

第一节　收入维度下贫困线的确定

一、一维标准：收入还是消费

在识别或测度贫困时，可以有收入和消费两个角度，但这是截然不同的角度。收入衡量的是人们可支配的能力，消费衡量的是人们实际的消费能力，反映人们的实际效用。

那么在识别和测度贫困时，到底哪个标准更好？从理论上来讲，消费标准更能反映人们的实际消费水平，对于贫困人口来说，消费更能反映其真实的贫困状况。但从实践的角度来看，很多国家给出的是收入标准，如中国国家统计近年来的贫困标准是按照 2010 年价格水平计算的 2 300 元标准，也就是收入标准。但是收入标准往往也要以调查中的消费数据为依据来计算，如根据恩格尔系数来确定收入贫困标准。

二、收入贫困线的确定

在实践中，以收入为标准来讨论贫困问题，是很多国家和国际组织的实际做法。在具体确定收入贫困线的过程中，又有很多不同的做法。总结起来，收入贫困线的确定方法有如下几种：绝对贫困线、相对贫困线、其他贫困线等。绝对贫困线不考虑收入的总体分布，相对贫困线的设定要考虑收入的总体分布。

（一）绝对贫困线法

1. 市场菜篮子法（生活必需品法）

1901 年，英国社会学家 Rowntree（1902）提出用生活必需品去测度绝对贫困线的方法①。他利用营养标准计算得到维持人体生理机能所需的食物费用，再加上必要的住房、衣物、清洁和燃料支出，得到英国约克郡的绝对贫困线。其具体计算方法为：①罗列一张维持人们生活必需品的清单，即社会公认的可以维持最基本的生活水平所必需的食品种类 i 和数量 q_i，使得各种食品所含营养之和等于营养学家或者营养学会设定的最低标准 $k_{\min}$（我国国家统计局将最低营养需求设定为每人每天 2 100 大卡），即 $\sum_{i=1}^{n} e_i q_i = k_{\min}$，其中 e_i 为第 i 种食品所含单位营养；②依据市场价格计算这些生活必需品的价格 p_i，即可得到食物贫困线 $z = \sum_{i=1}^{n} p_i q_i$。一个六口之家一周最低的食品预算为 15 先令②，加上一定的住房、衣着、燃料和其他杂物，贫困线被确定为一周 26 先令。按此计算约克郡的贫困发生率为 10%。

这种方法简单明了，直观易懂，只需列出生活必需品的种类和数量就可以。食物能量摄取法与此方法类似。然而这种方法也有一定的缺陷：在不同地区以及不同时代的背景下，人们的生活方式和生活水平不一样，所需必需品的种类、数量也就不一样，因此难以确定一个统一的标准。

2. 恩格尔系数法（食物支出份额法）

美国经济学家奥珊斯基（Orshansk）提出了一种绝对贫困线的测度方法——恩格尔系数法，具体方法为：国家营养协会根据维持人们生存所需，推荐出能满足其能量需求的食品及定量清单，同时依据每种消费品的价格，计算对应的食物贫困线 z。确定食物贫困线之后，就要确定它占全部支出的比例 β。确定食物贫困线占全部支出的份额时，一般采用恩格尔系数法，因此这种方法是建立在恩格尔定律基础之上的一种方法。随后，用食物贫困线除以恩格尔系数，即 $\dfrac{z}{\beta}$，即可得到绝对贫困线。各个国家因发展水平不一样，故标准不一样，一般取国际公认的标准：50% 或 60%。普拉格等人基于可观测的恩格尔系数对食物支出份额法做了改进，通过引入居民食品支出、总收入、家庭规模等变量，利用食品消费支出的函数求得各系数，进而求出绝对贫困线。

恩格尔系数法要求恩格尔系数相对比较稳定。鉴于国情与地区的差异，不太适宜采用国际公认的恩格尔系数来统一确定贫困线。各国各地区应该从实际出发，选择适用于本国或本地区的恩格尔系数，进而正确测定国家或地区的贫

---

① ROWNTREE B S. Poverty, a study of town life［M］. London：Macmillan, 1902.

② 先令：英国旧辅币单位，英国已于 1971 年废除使用。

困线。鉴于我国特殊的城乡二元经济，选择居民家庭人均食品消费支出作为此方法下维持家庭基本生活的食物贫困线，结合城乡不同的恩格尔系数，可以确定城乡贫困线。

3. 马丁法

马丁法由世界银行的贫困研究专家 Ravallion（马丁·瑞沃林，2005）[①] 提出，这种方法包括计算食物贫困线 z_α 和非食物贫困线 z_β，比较适合发展中国家对贫困的测度和分析。Deaton（1989）[②] 认为，家庭贫困线分为食物贫困线和非食物贫困线。其中，食物贫困线的计算是在地区居民生活消费习惯的基础上，满足居民基本生存生活所需热量的一篮子食物价格（依据市场菜篮子法、能量需求法等）。而非食物贫困线依据非食物基本消费品的种类、数量及价格等要素来确定。Ravallion 和 Bidani（1994）[③] 认为，可以将非食物贫困线理解为居民为满足基本的非食物消费需求而愿意牺牲食物消费需求的那部分价值，即在食物贫困线的基础上确定两条贫困线：一条为贫困线上限，一条为贫困线下限。如此，可利用对居民基本消费支出中食物与非食物消费支出比重的估算来计算非食物贫困线。Ravallion 提出以下马丁模型来对非食物支出进行计算：

$$\omega_{ij} = \alpha_j^0 + \beta_j \log\left(\frac{y_{ij}}{z_j^f}\right) + \sum_k \delta_j^k d_{ij}^k + \varepsilon_{ij} \qquad (2-1)$$

其中 ω_{ij} 为第 j 组中第 i 户的家庭消费中食物消费所对应的比重，y_{ij} 为其家庭消费总支出，z_j^f 为家庭的食物贫困线。d_{ij}^k 为影响家庭收入与消费的社会因素变量，如户主的年龄、受教育年限、家庭子女数等，ε_{ij} 是一个随机扰动项。贫困线下限描述的是居民收入刚好等于食物贫困线的情况，此时，$y_{ij} = z_j^f$，可得 $\lambda_j = \alpha_j^0 + \sum_k \delta_j^k d_{ij}^k$，即为家庭消费支出中非食物消费的最低比重。据此，贫困线下限为：$\hat{z}_j^{down} = z_j^f + (z_j^f - \lambda_j z_j^f) = (2 - \lambda_j) z_j^f$，表示满足基本食物和非食物需求的最低花费。贫困线上限是用来描述食物消费开支大于等于食品贫困线 z_j^f 的家庭的贫困情况，其公式表示为：$\hat{z}_j^{up} = z_j^f / \left(\frac{y_{ij}}{z_j^f}\right)$，此时的马丁模型可表述为：

$$\omega_{ij} = \alpha_j^0 + \beta_j \log\left(\frac{y_{ij}}{z_j^f}\right) \qquad (2-2)$$

① 马丁·瑞沃林. 贫困的比较 [M]. 赵俊超, 译. 北京: 北京大学出版社, 2005.

② DEATON A. Rice prices and income distribution in Thailand: A non-parametric analysis [J]. Economic Journal, 1989, 99 (395): 1-37.

③ RAVALLION M, BIDANI B. How robust is a poverty profile? [J]. The World Bank Economic Review, 1994, 8 (1): 75-102.

这种方法需要收集大量的家庭居民信息与资料,在数据的获取方面投入较大,困难也较大。

张全红(2010)[①] 运用"马丁法",具体测算了我国近年来的贫困线标准,并与官方贫困线标准进行了比较分析。结果发现,农村的实际贫困线要比官方贫困线高很多,贫困人口没有得到全部覆盖。因此,我国对于农村的扶贫政策应及时做出对应的调整。张焕明(2011)[②] 通过上述理论及模型计算安徽省六市农民工的食物和非食物贫困线,得到家庭贫困线,进而进行贫困指数及影响因素分析。

我国 1985、1990、1994、1997 年农村贫困标准的制定均是在全国农村住户调查分组资料的统计基础上,由国家统计局农村社会经济调查总队进行测算而得出,其他年份则是按照农村居民消费价格指数进行更新。1995 年,我国采用马丁法并依靠回归法来计算非食物贫困线,选择非食物贫困线的下限来确定贫困线。然而这种方法确定的农村贫困线标准偏低。在 1998 年后,我国依照恩格尔系数法来确定非食物贫困线,进而确定贫困线。我国从 2000 年到 2007 年使用了高低两条贫困线,从 2008 年开始,合并为一条贫困线。具体数据见表 2-1。

表 2-1　中国官方贫困线　　　　单位:元/每年·人

年份	标准	年份	标准
1978	366	2012	2 625
1980	403	2013	2 736
1985	482	2014	2 800
1990	807	2015	2 855
1995	1 511	2016	2 952
2000	1 528	2017	3 070
2005	1 742	2018	3 300
2010	2 300	2019	3 747
2011	2 536	2020	4 000

资料来源:国家统计局农村住户调查和居民收支与生活状况调查。

---

① 张全红. 对中国农村贫困线和贫困人口的再测算 [J]. 农村经济, 2010 (2): 51-54.
② 张焕明. 农民工家庭贫困水平: 模糊收入线测度及代际传递性原因 [J]. 中国经济问题, 2011 (6): 31-43.

4. 国际标准法

为了统一进行各国贫困状况的比较，1990 年世界银行对世界各国的贫困标准进行了研究，结果显示，最贫穷国家的贫困标准集中于 275 美元到 370 美元之间。因此，世界银行采用 370 美元作为衡量各国贫困的国际通用标准，即后来称之为"1 天 1 美元"的国际标准贫困线，以统一世界各国的贫困比较。1993 年公布一套新的购买力平价后，该贫困线被上调为每人每天 1.08 美元。2005 年，购买力平价再次经修订，该贫困线被相应地上调至 1.25 美元。2015 年 10 月，世界银行宣布，按照购买力平价计算，将国际贫困线标准从此前的每人每天生活支出 1.25 美元上调至 1.9 美元。

国际组织有时也使用两条贫困线，即所谓的"低贫困线"和"高贫困线"来测度绝对贫困，这种方法和我国的"贫困标准"和"低收入标准"类似。前者为每人每天 1 美元，后者为每人每天 2 美元。2008 年，世界银行调整确定了新的低贫困线为 1 人 1 天 1.25 美元，即为绝对贫困线或者极端贫困线；1 人 1 天 2 美元作为高贫困线，为小康社会的贫困线标准。此标准线便于人们理解和记忆，也符合人们对贫穷生活的想象，利于不同国家进行贫困状况的比较。

（二）相对贫困线法

1. 收入比例法（OECD 法）

这种方法是在 1976 年由经济合作与发展组织（OECD）以相对贫困作为理论基础提出来的。具体方法为根据一个国家或者地区家庭或者居民的平均收入水平来确定，即以社会收入集中趋势 y_α 的一定比例作为相对贫困线，例如均值、中位数、众数等。$z = \lambda y_\alpha$，一般 λ 取值为 50% 或 60%，y_α 取国家或地区的中位数收入水平或平均收入水平。此方法简单易行，反映了一定程度上的贫困相对性与地区差异性。但是这种方法只考虑到整体收入水平，却没有考虑到个人的具体需求。同时，λ 的取值会因国家发展水平的不同而有所差异。此外，这种方法的计算结果，与收入的分配情况存在很密切的关系。

例如，英国到 1979 年废除的"购物篮子"法，就是将贫困定义为"家庭收入低于中位数收入的 60%"，中等收入是指处于中位数收入分配阶层的家庭所获得的税后收入。英国的贫困线是按照家庭结构分别计算的。

2. 收入等份比例法

这种方法通常将居民按收入排序，然后等分成若干等份（一般为 5 等份或 10 等份），然后选取较低收入的部分人群的平均收入作为家庭最低收入贫困线。依据我国国家统计局的相关数据，我国将农村居民按家庭人均纯收入由高到低分为五组，依次为：高收入家庭、中等偏上家庭、中等收入家庭、中等偏下家庭、低收入家庭。我国将城镇居民按家庭人均可支配收入由高到低分为七组，依次为：最高收入家庭（10%）、较高收入家庭（10%）、中等偏上家庭（20%）、中等收入家庭（20%）、中等偏下家庭（20%）、较低收入家庭（10%）、最低收入家庭（10%）。同时，将最低收入户中更低的 5% 户分为困难户。

3. 扩展线性支出系统法（ELES）

扩展线性支出系统法（ELES）是一种定量分析。它是以数学模型为工具，在线性系统支出模型（LES）基础上所建立的消费需求函数模型。此函数模型将人们的需求分为两部分：①基本需求，即人们维持基本生活的需求，此需求对人们基本一致；②超额需求，即根据个人不同偏好进行选择的需求。先将人们的需求用以下函数表示出来：

$$v_i = p_i q_i = p_i \gamma_i + b_i (y - \sum_{i=1}^{n} p_i \gamma_i) \tag{2-3}$$

其中，v_i 为消费者对 i 商品的消费需求，即消费者对需求量 q_i 与其价格 p_i 的乘积。其中基本需求部分为 $p_i \gamma_i$（γ_i 为基本需求量），超额需求为除去最基本的 n 种商品消费所花的收入之后（$y - \sum_{i=1}^{n} p_i \gamma_i$），按 b_i 的比例进行消费的部分。消费者若无储蓄，则 $\sum_{i=1}^{n} b_i = 1$；若有储蓄，则 $\sum_{i=1}^{n} b_i < 1$，故 $z = \sum_{i=1}^{n} p_i \gamma_i$ 可表示为贫困线水平。上述方程可变形为 $v_i = p_i q_i = (p_i \gamma_i - b_i \sum_{i=1}^{n} p_i \gamma_i) + b_i y + u_i$，即为：$v_i = \alpha_i + \beta_i y + u_i$，$\alpha_i = p_i \gamma_i - b_i \sum_{i=1}^{n} p_i \gamma_i$。利用最小二乘法对上述函数求解得到参数 α，β 的估计值 $\hat{\alpha}$，$\hat{\beta}$。对式子两边加总可得：

$$\sum_{i=1}^{n} \alpha_i = \sum_{i=1}^{n} (p_i \gamma_i - b_i \sum_{i=1}^{n} p_i \gamma_i) = (1 - \sum_{i=1}^{n} b_i) \sum_{i=1}^{n} p_i \gamma_i \tag{2-4}$$

故贫困线为：$z = \sum_{i=1}^{n} p_i \gamma_i = \sum_{i=1}^{n} \alpha_i / (1 - \sum_{i=1}^{n} \beta_i)$。这种方法充分考虑了个人消费的多样性，区分了绝对消费必需品和非绝对必需品；同时回避了难以确定的大宗商品价格，只考虑收入和商品消费支出。此外计算方法相对科学，不易受个人主观因素的影响，较为方便。

（三）其他贫困线法

1. 混合贫困线

Foster（1998）[1] 综合绝对贫困线和相对贫困线的优点，提出一种混合贫困线，即用绝对贫困线和相对贫困线的加权几何平均数来作为贫困线。具体为：

$$z = z_1^{\alpha} z_2^{(1-\alpha)} \tag{2-5}$$

其中，z_1 是绝对贫困线，z_2 为相对贫困线，α 为混合贫困线对绝对贫困线的弹性，$0 < \alpha < 1$。上式表明社会的绝对贫困线水平增长1%，则混合贫困线增长 $\alpha\%$。α 的取值可作为控制变量以供政策制定者选择，但其具体的取值选择尚处于研究状态。

如果相对贫困线是利用收入比例法计算的，即 $z_2 = \lambda y$，y 为社会收入水平的相对集中趋势，λ 为相应地区的一定比例水平，这样计算可得混合贫困线的收入弹性为：

$$\frac{\partial z}{\partial y} \cdot \frac{y}{z} = \frac{1-\alpha}{\lambda} \tag{2-6}$$

即社会的平均收入平均每增长1%，混合贫困线水平就应相应的提高 $(\frac{1-\alpha}{\lambda})\%$。此结论符合经济学意义的解释，也是社会不断发展的必然要求。

2. 主观贫困线

主观贫困线法是在对居民在社会生活中所感受的福利水平进行量化的基础上，进行分析所制定的家庭贫困线。Flik 和 Praag（1991）[2] 利用问卷的形式获得了居民对不同收入水平下的定性评价，然后将其量化为0到1或者1到10的数据，以获得收入和福利评价之间的数量关系。最后对数据拟合，求得所对应的福利函数。Kapteyn 等人（1988）[3] 通过研究表明，收入福利函数近似于对数正态分布函数，即

$$U(y) = N(\ln y, \ u, \ \sigma) = \varphi\left[\frac{(\ln y - u)}{\sigma}\right] \tag{2-7}$$

---

① FOSTER J E. Absolute versus relative poverty ［J］. The American Economic Review, 1998, 88（2）：335-341.

② FLIK R J, PRAAG B M S. Subjective poverty line definitions ［J］. De Economist, 1991, 139（3）：311-330.

③ KAPTEYN A, KOOREMAN P, WILLEMSE R. Some methodological issues in the implementation of subjective poverty definitions ［J］. The Journal of Human Resources, 1988, 23（2）：222-242.

假定维持个人基本生活所需的效用值为：$U_0 = \varphi(\gamma_0)$，则贫困人群的收入可表示为：$\dfrac{(\ln y - u)}{\sigma} \leq \gamma_0$。参数 σ 给定时，维持居民基本的生活需求的收入水平可表示为：$\ln y_{min} = \sigma\gamma_0 + u$。而个人福利函数中的参数 u 又受到家庭收入 y、家庭规模 fam 等因素的影响。所以，加入 u 的影响因素之后的模型为：

$$\ln y_{min} = \sigma\gamma_0 + \alpha + \beta_1 \ln fam + \beta_2 \ln y + \varepsilon \qquad (2-8)$$

Goedhart 等人（1977）[①] 认为，在确定社会贫困线时，由任意的实际收入不论高低所确定的最低收入不能作为衡量社会贫困的标准。只有实际收入与最低收入相匹配时，所确定的贫困线才为社会贫困线，所以模型调整为：

$$\ln y_{min} = \sigma\gamma_0 + \hat{\alpha} + \hat{\beta}_1 \ln fam + \hat{\beta}_2 \ln y_{min} + \varepsilon \qquad (2-9)$$

据此所求得的 y_{min} 即为主观贫困线。

3. 从生活方式与权力剥夺层面定义贫困线

Townsend（1979）[②] 从生活方式和权利剥夺的角度对贫困进行了全新的开创性定义。他从居民的生活方式和发展剥夺程度对贫困进行了分析。在他看来，一些公共物品和活动对于人们的生存、生活是必需的。占有公共资源远低于平均水平的居民，就被排除在了正常的社会生活和文化生活之外，故而被认定为贫困人群。

Townsend 从居民生活必需的活动和物品中，选择了 12 个指标作为分析指标。每个指标为 1 分，同时定义各个指标下的贫困临界值，以确定贫困人群。然后将各个指标下的贫困情况加总，构建了总剥夺指数。剥夺指数越高，则被剥夺的程度就越大。在实验中，需假设一个总剥夺程度的临界值。当居民或家庭所拥有的资源物品等低于这一临界点时，说明居民或家庭没有具备继续参加相关社会活动的能力，即定义为贫困人群。此时，将由总剥夺程度的临界点所对应的收入临界值定义为贫困线。

显然，这种方式定义贫困存在一定的问题：贫困人群的临界值如何选择，剥夺程度加总的方式方法如何选择等。但是，这种思维方式方法却为之后理解和定义多维贫困提供了一个全新的视角。

① GOEDHART T, HALBERSTADT V, KAPTEYN A, et al. The poverty line：Concept and measurement［J］. The Journal of Human Resources，1977，12（4）：503-520.

② TOWNSEND P. Poverty in the United Kingdom［M］. Harmondsworth：Penguin，1979.

第二节　收入贫困指数的构造

总结来看，贫困指数的构造包括两个过程：贫困识别和贫困汇总。本章第一节先介绍了贫困线的划定，用来识别贫困。这一节里我们首先介绍常用的贫困指数，然后再讨论好的贫困指数应该满足什么样的公理。

一、常用的贫困指数

在对贫困程度进行测度分析时，常用到的一些基本的贫困指数包括：贫困率、收入差距比率、贫困深度指数、贫困强度等指标。而一些研究者基于公理化方法，相继研究发展了一些各具特色的新贫困指数：FGT 指数、SST 指数、Watts 指数、CHUC 等。不同的贫困指数对贫困的反映是不同的，相关联的政策含义也不相同。

1. 贫困率 H

也称为贫困广度指标。贫困率 H 是用来描述一个国家或者地区内发生贫困的人口数占总人数的比率，即 $H = q/n$。n 是总体人口的个数，q 为处于贫困线标准之下的个体数。然而贫困率是一个很粗的指标，不能够包含较多关于贫困者的信息。同时，对贫困群体的收入分布不敏感。

贫困率指数的政策含义是：政策制定者在有限预算内，可以帮助边际贫困人口而不是严重贫困人口，这样以贫困率测算的贫困程度会显著降低。

2. 贫困距指数 I

也称收入缺口率指数（income gap ratio），是用来形容相对于贫困线而言，贫困人口平均的相对收入短缺程度，具体表示为：

$$I = (1/q) \cdot \sum_q (z - x_i)/z = (1/q) \cdot \sum_q g_i/z = (z - u_p)/z \quad (2\text{-}10)$$

$g_i = (z - x_i)$ 称为收入缺口，其中 z 表示贫困线，x 表示贫困人口的实际收入，u_p 表示贫困人口的平均收入。

这一指标考虑了收入分布，在一定程度上弥补了贫困发生率 H 的缺陷，但对贫困群体具体数量的分析并不是很敏感。

该指数的政策含义是：如果提高一个穷人的收入使其变成非贫困人口，贫困距指数反映出来的贫困会提高。这与一般人的直觉是相反的。贫困距指数也可以理解为若将所有贫困人口的收入提高到贫困线水平，政府需要为每个人支付的（以贫困线为基准的）扶贫资金。

3. 贫困深度指数

贫困深度指数即 poverty gap ratio，简称 PG。该指数克服了贫困率和贫困距指数的一些缺陷，现在引入收入变量 x 的截取分布 x^*，如果 $x \geq z$，$x^* = z$；如果 $x < z$，$x^* = x$。对 x^* 与贫困线之间的差距进行标准化处理记为 g_i^*，$g_i^* = \dfrac{(z - x_i^*)}{z}$，对其取平均值，可以得到贫困深度指数，即：

$$\text{PG} = (1/n) \sum_n g_i^* = (q/n) \cdot (1/q) \cdot \sum_n (g_i/z) = H \cdot I \qquad (2\text{-}11)$$

PG 取值介于 0 和 1 之间，当 PG 值为 1 时，表示每一个体均处于贫困状态；当 PG 值为 0 时，表示每一个体均处于非贫困状态，不存在贫困状况。在贫困率 H 一定的情况下，贫困深度 PG 指数值越大，说明贫困人口的收入水平偏离贫困线的程度越远，贫困程度越大。

该指数的政策含义是不鼓励政策制订者区分边际贫困和严重贫困人口。从扶贫层面考虑的话，应该关注贫困深度较大的地区，实施重点扶贫。此时尽管不一定可以改善贫困发生率，但是对整体的贫困程度有一定的提升作用。但是该指标依然不能够完全反映贫困人口的分布情况。

4. 贫困强度指数或平方贫困距指数

贫困强度指数或平方贫困距指数即 square poverty gap，也称为 SG 指数。该指数是建立在贫困深度基础之上的。可表示为：

$$\text{SG} = \frac{1}{n} \sum_n (g_i^*)^2 \qquad (2\text{-}12)$$

SG 取值介于 0 和 1 之间。该指数实质上是一个加权的贫困差距指数。在贫困人群中，越贫困的人口越远离贫困线，SG 在 PG 的基础上，给予更贫困的个体以更大的权数，从而较低收入群体对指数变大的贡献率会增大，进而反映出该指数对相对贫困个体的重视程度。

该指数还可以表示为：

$$\text{SG} = H[I^2 + (1 - I)^2 C_p^2] \qquad (2\text{-}13)$$

其中 C_p 表示穷人收入的变异系数。

二、FGT 类指数

上面列出的几类指数，可以用一个一般的框架表示出来，那就是文献中所称的 FGT 类指数（Foster-Greer-Thorbecke class）。FGT 指数可以定义为：

$$\text{FGT}_\alpha = (1/n) \sum_n (g_i^*)^\alpha \qquad (2\text{-}14)$$

其中 α 是一个贫困厌恶系数，$g_i^* = (z - x_i^*)/z$。当 $\alpha = 0$ 时，FGT 即为贫困

率指数；当 $\alpha = 1$ 时，FGT 即为 PG 指数；当 $\alpha = 2$ 时，FGT 即为 SG 指数。

本书借鉴了牛津大学 OPHI 的一些例子，来说明在同样的数据下，不同指数计算结果的差异。

假设原始收入数据为：$x = (9, 4, 15, 8)$，$z = 10$，$x^* = (9, 4, 10, 8)$，则 $H = 3/4$，$I = 0.3$，PG $= 0.225$，SG $= 0.102$。从结果的差异，可以理解不同指数构造及政策含义上的差异，如在 SG 指数中越贫困人口，在计算过程中，平方之后其对总指数的贡献就越大。如收入为 4 的贫困人口，其对 SG 指数的贡献达到 87.8%，而在 PG 指数中其贡献为 67.7%。

三、其他贫困指数

除了常用的 FGT 指数，还有一些其他的贫困测度指数。

1. SST 指数（Sen-Shorrocks-Thon measure）

SST 指数的构造如下：

$$SST = PG + (1 - PG) \cdot GINI(x^*) \tag{2-15}$$

其中 $GINI(x^*)$ 是截取变量 x^* 的基尼系数，SST 指数取值在 0 和 1 波动。与 SG 指数一样，SST 指数对非贫困人群中的不平等很敏感。

2. Watts 指数

Watts 在 1968 年提出了这一指数来对贫困进行测算分析，Watts 指数构造为：

$$W = (1/n) \sum_n (\ln z - \ln x_i^*) = (1/n) \sum_n \ln(z/x_i^*) \tag{2-16}$$

这一指数的下界值为 0，没有上界值。这是一个近乎完美的指数，但也有一些缺陷：一是这一指数只考虑到正收入的值，没有考虑到零收入的群体；二是该指数不像其他指数一样有着较好的解释意义或者分解特性；此外，该指数没有上界值。

3. CHUC 类指数（Clark-Hemming-Ulph-Chakravarty class）

这种指数的基本定义是：

$$C_b(x; z) = \begin{cases} 1 - \left[\dfrac{1}{n} \displaystyle\sum_{i=1}^{n} (x_i^*/z)^\beta \right]^{1/\beta}, & \beta \leq 1, \ \beta \neq 0 \\[4mm] 1 - \left[\dfrac{1}{n} \displaystyle\prod_{i=1}^{n} (x_i^*/z)^\beta \right]^{1/n}, & \beta = 0 \end{cases} \tag{2-17}$$

在这一指数中，当 $\beta = 1$ 时，该指数即为贫困深度指数（PG）；而当 $\beta = 0$ 时，该指数则变为 Watts 指数的单调转换式。

第三节　贫困指数的性质

不同的贫困指数测度的结果不同，那么该如何评价一个指数的好坏呢？本节将系统梳理贫困指数中的各种不同公理性质①。这些性质包括不变性、支配性、连续性、人口子群性（包含一致性与可分解性）等。满足不同性质的指数将会有不同的政策关注和解释。

一、不变性

在不变性公理（invariance axioms）之下，贫困指数具体有对称性、复制不变性、相关性、比例不变性、正规化等性质。

1. 对称性（symmetry）

将收入向量表示为 x，y 是由 x 向量得来，只是收入的排列不同，元素相同。若贫困线 z 不变，则 $P(y; z) = P(x; z)$。

用数学语言表示，y 向量可由 x 向量乘以一个排列矩阵得到。仍以 $x = (9, 4, 15, 8)$ 为例，若排列矩阵 A 表示为：

$$A = \begin{pmatrix} 1 & 0 & 0 & 0 \\ 0 & 0 & 0 & 1 \\ 0 & 0 & 1 & 0 \\ 0 & 1 & 0 & 0 \end{pmatrix}$$

则 $y = xA = (9, 8, 15, 4)$。

2. 复制不变性（replication invariance）

复制不变性也称为总体性原则（population principle）。在贫困线不变的基础下，y 收入向量由 x 收入向量复制变化而来，即 y 向量中的元素是对 x 中元素个体进行有限次的复制得来的。此时，贫困指数不发生变化，即 $P(y; z) = P(x; z)$。

3. 相关性（focus）

也可以理解为聚焦于穷人的公理。在 x 收入向量条件下，贫困人口的收入保持不变，而非贫困人口的收入增加形成新的 y 收入向量。此时，贫困指数不会受到影响。相关性公理实际上描述的是贫困指数与非贫困人口的收入分布无

---

① 本部分参考了大量的贫困指数测度的著作及文章总结而成。

关这一性质，也就是聚焦于穷人的公理。如 $x = (9，4，15，8)$，$y = (9，4，16，8)$，$z = 10$，$P(y；z) = P(x；z)$。

4. 比例不变性（scale invariance）

比例不变性也称为 homogeneity of zero-degree。在贫困线 z 与 x 向量中所有的收入同时按 α 的比例发生变化条件下（$\alpha > 0$），贫困指数不会发生变化，即 $P(\alpha x；\alpha z) = P(x；z)$。如 $x = (9,4,15,8)$，$y = (18,8,30,16)$，$z = 20$，$P(y；z) = P(x；z)$。

5. 正规化（normalization）或者规范化公理

不论贫困线标准 z 是多少，只要向量中的每一个体均处于非贫困状态，则贫困指数均为 0。换句话说，只要收入向量中最小的个体收入值大于贫困线标准，那么贫困指数为 0，即 $P(x；z) = 0$。如 $x = (9,4,15,8)$，$z = 2$ 或者 $z = 3$ 的情况下，都有 $P(x；z) = 0$。

二、支配性

在支配性公理（dominance axioms）下，具体包括单调性公理、转移性公理。转移性公理包括弱转移性公理、强转移性公理。

1. 单调性（monotonicity）

基于贫困线不变的条件下，收入向量 x 中的部分贫困人口的收入值减少，形成新的收入向量 y，此时得到的贫困指数有如下关系：$P(y；z) > P(x；z)$。换句话说，任意一个贫困人口的收入减少，贫困指数反映出来的贫困程度应该提高。如 $x = (9,4,15,8)$，$z = 10$，$y = (3,4,15,8)$，则 $P(y；z) > P(x；z)$。

2. 转移性（transfer）

这里先给出进步性转移的概念，即在已经识别出的贫困群体当中，如果收入从某一个较高收入的个体转移到另一个较低收入的个体，形成新的收入向量，整体平均收入保持不变，在此情况下收入转移称为进步性的转移（progressive transfer）。在进步性转移中，转移的数量有所限制，即转移之后形成的收入向量中最低收入不能低于转移之前的收入向量。

满足转移性公理意味着若穷人中的富人向穷人中的穷人转移收入，则总的贫困程度应该有所下降，贫困指数应该降低。

转移性公理还具有强弱之分。弱转移性公理（weak transfer axiom）是指收入依然在贫困群体中转移，但是由相对较穷的个体向相对较富的个体转移，然而较富的贫困个体依然未能脱贫，此时的贫困指数应该提高。这一公理称为弱转移性公理。强转移性公理（strong transfer axiom）是指收入依然在贫困群体中转移由相对较穷的个体向相对较富的个体转移，但是转移之后较富的贫困个体实现脱贫，此时的贫困指数应该降低。

三、连续性

连续性公理（continuity axioms）是一个技术性的假定，以保证贫困人口收入水平发生的微小变动，不会引起贫困指数发生急剧性的跳跃性变动。连续性公理认为贫困指数应该是收入的一个连续型函数。对于任何收入向量 x，如果一个新的收入向量 x' 收敛于原始收入向量 x，则新的贫困指数与将收敛于原始的贫困指数，即：$P(x'; z)$ 将会收敛于 $P(x; z)$。

借用一个例子来说明该公理。假设收入向量 $x' = (9, 8, 15, 4)$，$z = 10$，如果最穷的人的收入由 4 慢慢提高为 10，$x = (9, 8, 15, 10)$，H 指数则突然由 3/4 变为 2/4，不满足连续性公理。

四、人口子群性

人口子群性（subgroup axioms）包括人口子群单调性、人口子群可加性等性质。

1. 人口子群单调性（subgroup consistency）

x' 和 x'' 向量都是从属于 x 的子向量，而 y' 和 y'' 向量是由 x' 和 x'' 向量变化而来。如果存在 $P(y'; z) > P(x'; z)$ 和 $P(y''; z) = P(x''; z)$，即一组的贫困程度提高，而另一组贫困水平保持不变，同时存在 $n(y') = n(x')$ 和 $n(y'') = n(x'')$，即各组调查群体保持不变，则有如下的贫困指数关系：$P(y; z) > P(x; z)$。这一公理描述的是当某一组的贫困水平降低的时候，总的贫困水平也会降低。人口子群一致性公理是评价扶贫项目的重要参考标准。同时这一公理可以看作是单调性公理的延伸。

2. 人口子群可加性（additive decomposability）

贫困测度常常是可以分解的。上述公理中将人口分为 x' 和 x'' 两个子群，则总贫困指数可以表示为：

$$P(x) = \frac{n(x')}{n}P(x') + \frac{n(x'')}{n}P(x'') \qquad (2-18)$$

可以延伸到更多的分组。此外，还可以利用此公理将每一组对总体贫困指数的贡献度进行估计，即 $C(x') = n(x')P(x')/nP(x)$。

人口子群可加性意味着子群单调性，但是反之却不成立。此性质有利于政策制定者详细考察总人口内部的贫困状况，进而有针对性地制定差异化的扶贫政策。

五、转移敏感性

转移敏感性（transfer sensitivity）：若从收入水平为 x_i 的穷人向收入水平为 $x_i + d$ 的穷人发生转移，则 x_i 越大，贫困上升的幅度越小。也就是说该公理反映了贫困指数对更低收入水平个体发生的收入转移更加敏感。对于相同的转移收入 t（$t > 0$），较低收入群体之间的转移对总体贫困程度的影响较大，贫困指数对这种低水平下的贫困群体之间的收入转移更加敏感。所以贫困测度更加关注的是贫困群体当中最底层的个体。

六、不同贫困指数满足的性质

不同贫困指数的设计原理不同，简洁程度不同，因此导致所满足的公理性质不同，相关的政策启示也不同。表 2-2 给出了不同贫困指数满足的公理性质。

表 2-2　不同贫困指数满足的公理性质

公理性质	指数						
	H	I	PG	SG	SST	W	CHUC（$\beta < 1$）
对称性	√	√	√	√	√	√	√
复制不变性	√	√	√	√	√	√	√
相关性	√	√	√	√	√		√
比例不变性（零阶齐次性）	√	√	√	√	√	√	√
正规性（规范性）	√	√	√	√	√	√	√
单调性	×	√	√	√	√	√	√
转移性	×	×	×	√	√	√	√
连续性	×	×	√	√	√	√	√
子群单调性	√	√	√	√	×	√	√
转移敏感性	×	×	×	×	×	√	√

第四节　收入标准下相对贫困设定的初步探讨

一、国外相对贫困标准设定概览

衡量贫困的标准有显著的时代特征。20世纪50年代，一些发达国家建立了福利国家制度，难以维持最低基本生活需求的绝对贫困人口逐步消失，这些国家于是开始采用相对标准衡量贫困。

如在1950年以前的英国，英国选用基本的食品、衣着、住房需求的"购物篮子"作为衡量贫困的标准。在建立现代福利国家制度之后，绝对贫困现象基本消除，英国从1979年开始采用相对贫困标准，根据当年中位数收入60%的贫困线，折算出不同结构家庭的相对贫困线，以便观察低收入家庭生活水平的动态变化情况。除了英国，欧盟国家和经济合作与发展组织（OECD）普遍用相对贫困标准来衡量贫困。

国际组织和一些国家已经在相对贫困线制定上积累了一定的理论基础和实践经验。一是相对贫困线制定的参照对象和相对剥夺程度度量规律。比如OECD的扶贫标准是居民人均收入中位数的60%；欧盟的相对贫困线是收入中位数的50%~60%；世界银行将低于平均收入1/3的个体视为相对贫困；英国则将贫困定义为家庭收入低于收入中位数的60%。二是国际上相对贫困标准的制定普遍会考虑家庭结构和家庭规模的影响。三是部分国家在贫困标准制定中考虑了住房成本问题。四是为避免每年相对贫困标准变化导致的减贫效应难以衡量的问题，英国政府按照相对固定的方法来确定绝对贫困标准，当前的绝对贫困标准是按照不同类型家庭2010/2011年中位数收入的60%制定的。

回过来看，相对贫困标准产生在欧洲国家有其历史特性。英国、德国、法国是世界上比较早的工业化国家，这些国家通过长期的工业化、城市化推动社会转型来解决绝对贫困问题。在工业化和城市化的过程中出现了工人阶级的贫困化和无产化。因此，在欧洲滋生了长期的工人运动和社会主义思潮。工人政党和社会主义党所组织的各种类型的工人运动不断地冲击着欧洲资本主义制度，并推动了欧洲国家逐步转向福利型国家。

长期的工人运动和社会主义思潮，以及工人政党和社会主义党的反复执政，导致在制度层面形成了有利于工人阶级的社会福利政策。同时，这也来自欧洲在工业化后经济增长和技术创新所带来的就业的增长。而对于后发性工业化国家而言，如日本和韩国，虽然在战后也经历了贫困的困扰，但基本上按照原发性工业化国家的模式，比较有效地解决了绝对贫困问题。

这些国家由于从体制上如教育、医疗、社会救助等方面建立起了比较完整的福利体系，以及实行最低工资标准和有效的税收政策，因此也大多都在解决了贫困问题之后比较好地处理了相对贫困问题，也就是历史性地选择了相对贫困标准。

但是不可否认的是，从国际范围来看，采用相对贫困标准的国家所占比例还是较低，绝大部分国家仍然采用绝对贫困标准。在后续的研究中，如何采用相对贫困的研究需要进行经验总结，为我国城乡相对贫困标准制定提供重要借鉴，这也是未来和国际比较和对接的基础。同时应该结合中国的实际情况，设计基本测度方法。此外，我们需要进行敏感性分析，确定平均收入和中位数收入对贫困测度结果的敏感性，确定相对贫困标准的统计口径，确定短期内采用什么标准，长期内采用什么标准。

二、相对贫困标准下新的数据需求

1. 收入数据的完整性与真实性

尽管相对贫困线在不同的国家有不同的定义，但是归结起来不外乎是平均收入或者中位收入的一定百分比。而要获得平均收入或者中位收入就需要有收入分布的信息，但现实数据供给却存在一个矛盾，即高收入人群的收入不易获得，更枉论其准确性。因此相对贫困标准下第一个数据需求是完整的收入分布信息。

为了适应收入分布信息需求与不充分的数据供给之间的矛盾，需要有高质量的收入调查设计。由于低收入人群的收入相对来说容易获得，这就导致在绝对贫困标准下，容易识别出贫困人口。而在相对贫困标准下，这是一个较大的挑战。

在世界范围内的收入调查中，一个广泛存在的问题是如何得到被调查者的真实收入，尤其是高收入人群的收入信息，其次就是其数据的准确性。在中国很多劳动者在非正规部门就业，同时中国的税收申报制度还远远未完善，如何准确获得收入分布信息，是我们在相对贫困标准下面对的一个首要问题，也是非常棘手的问题。

事实上，在研究收入和财富分配不平等时，已经有学者关注过这个问题，Nora Lustig 在较新的一篇工作论文中对高收入问题的相关文献进行过梳理。这里面涉及几个相关联的问题：如何设计调查以保证得到整个收入分布信息？如何控制收入调查的误差？如何在传统调查的基础上，结合大数据改进收入调查和推断？国外的收入调查实践，对我们有何帮助和借鉴？

2. 收入的空间价格差异

当一国在大规模减贫之后制定扶贫政策时，必须要考虑空间价格差异。对中国来说，在后扶贫时代，制定一条全国统一的相对贫困线已经不能适应地区间差异较大的国情，因此应将空间价格差异充分考虑在内。在具体执行过程中，可以考虑设计适应不同需求的贫困线：一条是按照收入分布确定的全国统一的相对贫困线，不考虑地区价格因素；另一条是考虑了地区价格差异的，各省根据自己的情况制定的贫困线，也就是说扣除物价因素影响后的实际贫困线应该相等。空间价格数据是将国家贫困线转换为不同地区和城乡的实际贫困线的必要条件。各省完全根据自己的经济发展水平、政府扶贫的实力确定的相对贫困线，不和全国进行比较。

因此，如果要在全国范围内进行贫困比较，就需要有经地区价格指数调整的相对贫困线。如何设计空间价格指数？目前，与空间和质量相关的价格差异均未得到较好的测量，这不利于对有关地区给予精准帮扶，也不利于比较"生活水平提升"和"减贫"两方面的进展。在后扶贫时代，这也是一个迫切需要关注的问题。对这部分的研究可以参考国际比较项目 ICP 中的基本理论框架和思路。

3. 人口等值规模的处理

国外采用相对贫困线的国家很多是采用了家庭人均收入的口径，美国的贫困指导线等都充分考虑了家庭成员年龄结构等因素，给出了详细的不同家庭结构对应的贫困线。未来中国也需要建设相应的数据库，研究人口等值规模问题，反映和调整家庭人口结构对贫困的影响。人口等值规模问题既涉及调查数据的获取，又涉及等值规模系数的估算和应用。

第三章　多维视角下贫困测度研究

第一节　多维贫困的理论基础

一、一维贫困的局限性

1. 单一视角的局限性

传统的贫困衡量标准是单一标准，即以收入或消费来界定贫困。传统的研究和测度之所以以单一维度来实现，主要有三点原因：第一，在过去经济较为落后的发展历程中，如何发展经济、提升居民收入水平是最重要的着眼点，因此衡量贫困必然只关注收入一个维度，这种衡量方式沿用至今；第二，只采用单一维度作为贫困与否的界定标准简单方便，易于操作；第三，贫困深度和广度的研究作为国际比较中重要的组成部分，如果采用收入进行量化，各国统计口径一致，可以实现国际可比。

诚然，就贫困问题而言，货币收入指标是重要的，但它并不是完备的。收入指标在反映贫困时存在以下一些问题：第一，并不能够反映出贫困人群的贫困程度；第二，货币收入总会存在一定程度的非样本测量误差，尤其是高收入群体。因此，在肯定单一维度判断贫困的优势基础上，我们也要看到其局限性。特别是经济水平发展到一定程度，已经并不成为主要矛盾的时候，仅从收入维度界定贫困就显得力不从心，货币范畴的贫困无法表现非货币范畴的贫困。而经济社会的发展归根到底是人的发展，人的发展是全面的提升，收入并不能代表一个人真正的福利水平。比如一个人收入水平较高，但是其实际的消费水平可能较低；或者收入水平很高，但是社会公共服务配套滞后，这些都会影响个体福利获得和幸福感受。仅仅从收入层面考虑贫困，并不能完全替代非收入层面的一些关键因素的剥夺状况。Katzman（1989）发现，在乌拉圭蒙得维的亚首都，13%的家庭在收入层面表现为贫困，但是可以满足基本的生活需要；然而有 7.5%的家庭处于相反的状态，即尽管处于非收入贫困状态，却没法满足基本的生活需要。Laderchi（1997）[①] 在智利相关数据的基础上得出以下结论：如果研究的目的是为了得到一个关于贫困的综合性的概括，那么单单从收入层面分析太过狭隘，不能够完全覆盖生活兴趣的所有层面。诸多实证结果表明，货币收入指标与其他指标之间总是存在一定程度的差异，它并不能替代一些重要的非货币收入的贫困指标。在欧洲，有 20%的人群处于持续性的收入贫困状态，有 20%的人群处于持续性的物质贫困状态。然而只有 10%的人处于收入与物质双重贫困的状态。这一调查结果刺激了欧洲积极建立一个多维度贫困的制度指标——EU 2020，该指标从收入、物质、工作 3 个方面对多维度的贫困状况进行统计分析，因为单一的收入指标并不能够代替所有的社会生活信息。

真正的高福利不仅应该包含较高的收入，也包含教育的获得、健康的身体、良好的生活环境等多个方面，量化这种福利的缺失就不能依靠传统单一维度的界定标准来实现，要采用多维度视角来界定贫困。

2. 忽视维度间作用的局限性

"多维性"的思想已经成为当今分析不平等、贫困、社会福利问题以及修订相关政策的重要视角，其优势主要在于克服了单一维度视角的两个不足：其一是上面讨论的收入界定贫困的方法仅仅考量了货币范畴，并没有包含非货币范畴；其二是不同领域的贫困不是独立存在的，它们之间的相互影响在一定程度上又加剧了贫困程度。无论是个体还是家庭的贫困，都是存在于一定经济、社会状态中的贫困，仅仅考虑收入或者消费角度下的贫困是远远不够的，这意味着完全忽视了其余维度间的相互影响。

结合中国的贫困现状我们发现，在一个社会中，穷人往往无法接受高等教育，甚至无法完成基本的义务教育，而社会给予高文化程度较高的回报率，较低的文化水平其回报率也低，直接影响个体收入水平，进而形成一种恶性循环；同时，穷人会因为生活条件恶劣、饮食差等多种原因成为很多疾病的易感人群，实际上他们对医疗服务有着更多的需求，但现实是一方面医疗服务利用会消耗掉其绝大部分财富，另一方面是其财富积累无法匹配充足的医疗服务，甚至无法达到基本医疗服务的消费水准，如此下去穷人更易陷入疾病-贫困-疾病的恶性循环。我们发现，穷人不仅仅是在收入维度贫困，在教育、医疗、

———————————

① LADERCHI C R. Poverty and its many dimensions：The role of income as an indicator ［J］. Oxford Development Studies, 1997, 25 （3）：345-360.

居住等其他维度也是匮乏的。因此，这种现象不是偏好不同，而是在于贫困的多维度相互影响，意味着多维度的贫困并不仅仅是简单加总各维度的贫困，还包括它们之间的相互影响，这种相互影响在贫困问题的探讨中绝不能被忽略。

二、多维贫困的理论基础

1. 人类发展理论（human development approach）

经济的发展和社会的进步，归根结底都要体现在人类的发展；脱离开基本个体来谈经济发展和社会进步是空洞的、片面的。经济发展和社会进步的根本在于惠民。随着整个人类文明程度的提升，惠民已经不仅仅局限在收入层面的上涨，更多的关注点逐渐转移到人的发展层面。那么，究竟什么是"人的发展"？

联合国 1990 年出版发布了人类发展报告（human development report），标志着人类发展理论的广泛认可。人类发展理论的核心要旨是"人必须放在发展的核心和中心"，即 The essence of the human development approach is that development must have human beings at its center。2014 年人类发展报告进一步明确指出"人类发展意味着所有人享有平等的生活机会。它不仅包括通过提高能力扩大人们目前的选择权——健康、安全、富有成效的生活，还包括确保这些选择权不会危害或限制子孙后代的选择权。人类发展理论聚焦于人，这对衡量进步和制定政策两方面具有重要意义"（UNDP，2014）[①]。这种发展应该包括收入水平的提高、教育机会的获得、完善的医疗卫生服务、良好的生活环境、稳定的社会治安，等等，这当中收入、教育和医疗卫生与居民个人关系更为密切，因此是人的发展最根本的三大领域。

经济增长的根本动力在于人，长期动力在于人的发展。设想如果存在较为严重、普遍和多维度的贫困问题，对于个体发展来说将是严重的阻碍，甚至可能停滞不前，进而对整个社会整个国家造成极大的冲击。经济增长并不意味着人的发展，也并不等同于人的发展，但是人的发展却可以制衡经济长期的进步。

在 Stiglitz-Sen-Fitoussi commission[②] 的研究中，也已经提出了人的发展和生活质量的多维性，而不仅仅限于收入。Stiglitz 等人（2010）[③] 在经济发展和社

① UNDP. 促进人类持续进步：降低脆弱性，增强抗逆力［R］. 东京：UNDP，2014.

② 参考 OECD 的网站 http://www.oecd.org/statistics/measuring-economic-social-progress/

③ STIGLITZ J, SEN A, FITOUSSI J P. Mis-measuring our lives, why GDP doesn't add up ［M］. New York：The New Press，2010.

会进步测量委员会发布的报告中将对居民福祉的影响因素分为：收入、健康、教育、个人活动、政治发言权与治理、社会关系、环境状况、生命财产的安全状况。

基于人类发展理论，联合国开发计划署（UNDP）从 1990 年开始发布人类发展指数 HDI，从人类发展的角度衡量各国社会经济发展程度，并以此为标准区分已开发（高度开发）、开发中（中度开发）、低度开发国家。更进一步，1997 年联合国又发布了人类贫困指数 HPI，但是由于 HPI 将人的剥夺进行了平均化，因此无法对应到特定的群体。多数学者认为，从微观层面来反映个体贫困状况以及贫困的深度，对于反映一个国家或地区在人文发展方面取得的进步，具有更好的效度和信度。基于此，多维贫困指数 MPI 就是对 HDI 和 HPI 的进一步完善，MPI 可以反映多维贫困发生率以及多维贫困发生的强度，同时还能反映个人或家庭的被剥夺量。可以认为，选取的维度面广才能较好地近似反映贫困人口所处的真实情况，这种思路是一种更加符合现代社会发展需求的贫困测度理论体系和实证方法。

2. 能力理论（capability approach）

阿马蒂亚·森提出的能力方法理论是一种分析框架，突破了仅仅拥有资源这样的局限性，将发展定义为更广泛的概念，即发展是扩展人们所拥有的自由的过程（Sen，1999）[①]。这个概念大大扩展了对发展的评价维度，基于阿马蒂亚·森的能力方法理论，联合国采用了教育、健康与生活条件等维度来测度各国的多维贫困。

具体而言，"能力"即个体拥有的能够实现各种功能的潜力以及拥有在不同的生活方式中做出选择的自由程度和自由空间（吕文慧 等，2011）[②]。这里的"功能"是指个体在生活中所处的状态或者个体活动，比如能够获得教育和健康的身体等。可以发现，功能的状况直接决定了个体生活质量。更进一步，如果个体没有能力，即使其拥有各种功能，但并不能够自由地做出选择，具有的各种功能也没有实际意义。因此，能力是功能的一种延伸和保障。个体的可选择项越多，就越可能根据个人偏好来进行挑选，从而获得更多的满足感；相反，如果个体可选项非常少，那么即使做出选择，也不可能获得很高的满足感，换句话说，个体的福利水平会很低。

综上所述，正如阿马蒂亚·森强调经济发展水平的重要性但不认为经济发

---

① SEN A. Development as freedom ［M］. Oxford：Oxford University Press，1999.

② 吕文慧，方福前. 中国城镇居民功能不平等计量分析：基于阿马蒂亚·森的能力方法［J］. 中国人民大学学报，2011，25（6）：81-90.

展能解决贫困问题一样，二者并不等同，即使经济发展是综合福利发展的重要条件，但是个体发展的多维性决定了仅考虑收入维度是远远不够的。同时由于宏观经济系统间存在着千丝万缕的联系，不同维度的贫困也必然不会孤立存在，维度之间的相互影响和作用对于多维贫困的研究不容忽视。

第二节　多维贫困测度思路

一、多维贫困测度的基本逻辑

总体来看，多维贫困测度在逻辑上包括贫困识别和指数合成。首先需要识别出贫困人口，然后按照一定的方法合成为特定形式的指数[①]。

1. 贫困识别

识别贫困人口之前首先需要选择维度和指标，主要有三种方式。一是根据专家意见和已有权威文献等确定不同的维度和指标。二是参照被广泛接受的标准，如联合国全体成员国一致通过的千年发展目标、可持续发展目标等。目前在联合国发布的 MPI 中维度及其临界值的确定即参照了千年发展目标。三是参与式选择方式，让贫困个体、家庭或群体亲自参与到贫困调查和扶贫项目中，由参与者自己确定遭受贫困剥夺的维度。随着中国贫困人口格局的改变，传统开发式扶贫模式走向瓶颈，从主观的参与式评估角度来描述多维贫困在学术界成为一种新趋势，李小云等（2005）[②] 用参与式贫困方法实证研究了河北省丰宁县的贫困状况。

在具体应用中，不同学者有不同主张，H-M 指数（Hagenaars，1987）[③] 包括了收入和闲暇 2 个维度；HPI 指数包括寿命、读写能力和生活水平 3 个维度；MPI 指数由 3 个维度 10 个指标构成，具体包括健康维度（营养不良和儿童死亡率 2 个指标）、教育维度（受教育年限和入学率 2 个指标）以及生活条件维度（做饭燃料、卫生设施、饮用水、电、地板和资产 6 个指标）。

多维贫困人口的识别一般需要确定各维度的剥夺临界值，通常依据权威机

---

① 高艳云，马瑜. 多维贫困测度方法比较及其展望 [J]. 兰州商学院学报，2014，30（4）：108-113.

② 李小云，李周，唐丽霞，等. 参与式贫困指数的开发与验证 [J]. 中国农村经济，2005（5）：39-46.

③ HAGENAARS A. A class of poverty indices [J]. International Economic Review，1987，28（3）：583-607.

构和专家或是一些公认的标准，然后采用并集思想，即将至少在 1 个维度上遭受剥夺的个体视为贫困人口。但下文提到的 AF 方法采用的是双临界值识别方法，即不仅需要确定各维度是否贫困，还需要确定贫困临界值，即个体遭受剥夺的加权维数和，当贫困临界值设为 1 时，等同于并集识别方法。而模糊集方法则为解决临界值设定武断的问题，通过构造隶属度函数来判定个体贫困的倾向程度。信息理论不需要确定剥夺临界值，而是先根据信息理论思想算出每个个体最能代表其福利水平的复合指数，然后根据相对贫困思想选取贫困临界值，进而识别贫困。

2. 指数合成

在进行贫困加总之前，先要确定各维度的权重，常用的方法有维度（指标）等权重法、频率法和统计法等。维度（指标）等权重法（如 HPI 和 MPI）对每个维度（指标）予以同等对待，此法简单易行，且在维度（指标）难以权衡时不失为良策。典型代表是 MPI 指数的嵌套式权重结构，3 个维度权重相等各占 1/3，各维度内指标权重亦相等。频率方法是将物品或服务越普遍的维度赋予更大的权重，该方法常用于模糊集方法中。统计方法主要有主成分分析法、因子分析法和层次分析法，多元分析法避免了人为的武断，用数据本身来说话，但是也可能存在问题。

二、多维贫困测度方法

基于对多维贫困人口识别和加总的不同思路，主要有三种测度方法：公理化方法、信息理论方法和模糊集方法。

（一）公理化方法

1. 公理化贫困测度方法的演进

张建华和陈立中（2006）[①] 系统地介绍了贫困公理以及 H-M 指数、HPI 指数、Ch-M 指数、F-M 指数和 W-M 指数五种多维贫困测度方法。其中 Hagenaars（1987）[②] 的 H-M 指数是基于社会福利函数测度的第一个多维贫困指数。H-M 指数易于计算，但测量比较粗糙，且其性质依赖于所采用的某一具体社会福利函数，指数的含义和性质因效用函数差异而不同。1997 年，联合国提出的人类贫困指数 HPI 促使人们从多维角度看待贫困，但 HPI 在加总形式、参数稳健性和权重选择方面遭到质疑，且违背了多维贫困的人口子群可

[①] 张建华，陈立中. 总量贫困测度研究述评 [J]. 经济学（季刊），2006（2）：675-694.

[②] HAGENAARS A. A class of poverty indices [J]. International Economic Review, 1987, 28（3）: 583-607.

分解性公理，难以了解子群体的具体贫困状况。

H-M 指数和 HPI 指数是贫困测算方法从一维到多维的跨越，但因不满足某些贫困公理而使测算结果难以信服。1976 年，阿马蒂亚·森和一些学者①②开拓建立的判定贫困指数优劣的公理化标准体系使贫困测算结果更具说服力；主要包括贫困焦点公理、弱转移敏感性公理、连续性公理、复制不变性公理、对称性公理、人口子群一致性公理、可分解性公理和贫困线上升性公理。下述 Ch-M 指数、F-M 指数、W-M 指数以及 AF 方法的三个指数均为基于公理化方法的多维贫困指数，但是除 AF 方法外，其他三种指数均违背了多维贫困的贫困焦点公理。

Chakravarty（1998）和 Tsui（2002）③ 基于贫困公理方法推导出了 Ch-M 指数和 F-M 指数，其中 Ch-M 指数是 F-M 指数的特例，而 F-M 指数是一维 FGT 指数的多维扩展。但因 F-M 指数依赖于维度间的相关性致使扶贫政策可能出现偏误而并未被广泛应用。Deutsch 和 Silber（2005）④ 用 Ch-M 和 F-M 指数测算了以色列 1995 年的多维贫困。

Chakravarty 等人（2008）⑤ 基于社会福利方法和贫困公理方法将 Watts 一维贫困指数扩展为 Watts 多维贫困指数（W-M 指数）测算了 1993 年和 2002 年世界多维度贫困，并运用 Shapley 可分解概念对贫困变动的因素进行分解，解析贫困程度随时间变动的趋势和原因。W-M 指数满足人口子群可分解性、贫困维度可分解性，且具较强的时效性。

2. 公理化测度方法的最新进展——AF 方法（Alkire Foster method）

Alkire 等人（2015）⑥ 提出并阐述了 AF 方法对多维贫困的识别、加总和分解，同时以印度尼西亚和美国为例加以实证分析。AF 方法是对 FGT 方法的修正，包括调整的贫困发生率（M_0）、调整的贫困距（M_1）和调整的 FGT 贫

① SEN A. Liberty, unanimity and rights [J]. Economica (New Series), 1976, 43 (171): 213-245.

② SEN A. Welfare inequalities and rawlsian axiomatics [J]. Theory & Decision, 1976, 7 (4): 243-262.

③ TSUI K. Multidimensional poverty indices [J]. Social Choice and Welfare, 2002, 19 (1): 69-93.

④ DEUTSCH J, SILBER J. Measuring multidimensional poverty: An empirical comparison of various approaches [J]. Review of Income and Wealth, 2005, 51 (1): 145-174.

⑤ CHAKRAVARTY S R, DEUTSCH J, SILBER J. On the Watts multidimensional poverty index and its decomposition [J]. World Development, 2008, 36 (6): 1067-1077.

⑥ ALKIRE S, FOSTER J, SUMAN S, et al. Multidimensional poverty measurement and analysis [M]. Oxford: Oxford University Press, 2015.

困指数（调整的贫困距平方）（M_2）三个多维贫困指数，分别与 FGT 方法的三个指数相呼应。指数的构造同样包括贫困识别和贫困加总，但识别步骤通过"双临界值"——剥夺临界值和贫困临界值来实现，因此 AF 方法又称双临界值方法。基于 AF 方法的多维贫困指数构建过程见本章第四节。

（二）信息理论方法（the information theory approach）

Theils（1967）[①] 把信息理论推广到经济学和社会科学领域。假定事件（experiment）E 有 n 个可能的结果 X_1，X_2，$\cdots$，X_n，相应的先验概率为 p_1，p_2，$\cdots$，p_n，事件发生后，某个特定结果 X_i 发生所蕴含的信息就会对先验概率做一些修正，假设事件在已知某结果发生的条件概率即后验概率为 $q_1, q_2, \cdots$，q_n。

Kullback 等（1951）[②] 和 Maasoumi（1986）[③] 对先验概率分布和后验概率分布之间的差异（divergence）进行了测量，Maasoumi 在文中将这种距离定义为广义的熵：

$$D_r(q, p) = [1/(r(r+1))] \left\{ \sum_{i=1}^{n} q_i [(q_i/p_i)^r - 1] \right\}，其中，r \neq 0，-1$$

$$(3-1)$$

Maasoumi 最初提出了借用信息理论来定义福利和不平等的多维测量思想，通过寻求个体层面加总的福利函数，使其分布与个体实际福利特征分布的差异最小，这样就找到了一个信息完整的最佳加总方式，而通常的贫困指数都会遗漏一些信息。令 $Y = [y_{ij}]$，假定选择 n 个福利指标，个体（家庭）i 在 j 指标下的取值为 y_{ij}，$i = 1, 2, \cdots, n$，$j = 1, 2, \cdots, m$。Maasoumi 的想法就是用一个复合指数 S_i 来取代个体 i 在 m 个指标上的福利水平 y_{i1}，y_{i2}，$\cdots$，y_{im}，设第 i 个个体的加总函数为 $S_i = S_i(y_{i1}, y_{i2}, \cdots, y_{im})$，$n$ 个个体加总函数的向量为 $S = (S_1, S_2, \cdots, S_n)$。要使 $S = (S_1, S_2, \cdots, S_n)$ 对 $Y = y_{1j}, y_{2j}, \cdots, y_{nj}$ 的福利特征有最具代表性的描述，那么这两个分布之间的差异必然是最小的，也就是 $S = (S_1, S_2, \cdots, S_n)$ 距离所有的属性指标最近。Maasoumi 首先对广义熵函数 $D_r(q, p)$ 进行多元化推广，得出：

① THEIL H. Economics and information theory [M]. Chicago: Rand McNally, 1967.

② KULLBACK S, LEIBLER R A. On information and sufficiency [J]. The Annals of Statistics, 1951, 22 (1): 79-86.

③ MAASOUMI E. The measurement and decomposition of multi-dimensional inequality [J]. Econometrica, 1986, 54 (4): 991-997.

$$D_\gamma (S, Y; \alpha) = [1/(r(r+1))] \sum_{j=1}^{m} \alpha_j \left\{ \sum_{i=1}^{n} S_i [(S_i/y_{ij})^r - 1] \right\} \quad (3-2)$$

其中，$\gamma \neq 0$，-1，α_j 表示给定指标 j 的权重。然后对 $D_\gamma (S, Y; \alpha)$ 进行最小化，得出每个个体 i 的复合指数 S_i：

$$S_i \propto \left[\sum_{j=1}^{m} \delta_j (y_{ij})^{-r} \right]^{-1/\gamma} \quad (3-3)$$

其中，δ_j 被定义作指标 j 的标准化权重，即 $\delta_j = \alpha_j / \sum_{j=1}^{m} \alpha_j$。

Miceli（1998）提出用复合指数的分布 $S = (S_1, S_2, \cdots, S_n)$ 来测量多维贫困，在确定权重 δ_j 和参数 γ 后，Miceli 根据相对贫困的思想来测量多维贫困，即定义"贫困线"等于 n 个复合指数 $S_i (i = 1, 2, \cdots, n)$ 的中位数的百分比。Lugo 等人（2009）[1] 基于印尼的家庭生活调查（IFLS）应用信息理论进行了多维贫困测算。

多维贫困测算方法还包括基于生产率测算理论的距离函数方法（the distance function approach）（Lovell et al., 1994）[2] 以及多元统计等方法。Deutsch 等人（2005）[3] 使用以色列的数据对模糊集理论、距离函数方法、信息理论方法和基于公理方法的四种多维贫困指数进行了实证分析和比较。

（三）模糊集方法（the "fuzzy set" approach）

Cerioli 等人（1990）[4] 针对传统方法中贫困临界值确定较为武断的问题，首次将模糊集方法（Zadeh, 1965）[5] 应用到贫困测量当中，提出了完全模糊方法理论（the totally fuzzy approach, TFA）。该方法用一个贫困到非贫困的过渡区间 $[z_{min}, z_{max}]$ 所构造的隶属度函数值来判定个体是否属于贫困，隶属度函数值越接近于 1，就越贫困，特殊地，其值为 1 表示完全属于贫困群体，为 0 为完全属于不贫困群体，隶属度函数一般可解释为"贫困的倾向程度"

① LUGO M A, MAASOUMI E. Multidimensional poverty measures from an information theory perspective [R]. Oxford：OPHI Working Paper, 2009.

② LOVELL C A K, TRAVERS P, RICHARDSON S, et al. Resources and functioning's：A new view of inequality in Australia [M] //Anon. Models and measurement of welfare and inequality. Berlin：Springer Berlin Heidelberg, 1994.

③ DEUTSCH J, SILBER J. Measuring multidimensional poverty：An empirical comparison of various approaches [J]. Review of Income and Wealth, 2005, 51（1）：145-174.

④ CERIOLI A, ZANI S. A fuzzy approach to the measurement of poverty [C] // DAGUM C, ZENGA M. Income and wealth distribution, inequality and poverty. Italy：[S.n.], 1990.

⑤ ZADEH L A. Shadows of fuzzy sets [J]. Problemy Peredaci Informacii, 1966, 2.

（Verma et al.，2011）①。每个个体都有一个隶属度函数值，将所有个体的隶属度函数值加总，即得群体总的贫困程度，并建议加总的权重采取某个维度上隶属度函数值为 1 的发生频率来构造。

Cheli 等（1994）② 和 Cheli 等（1995）③ 针对 TFA 两个阈值的选择仍然比较武断且隶属度函数的线性函数形式缺乏可信依据的缺陷，对其改进并提出完全模糊集和相对方法（the totally fuzzy and relative approach，TFR）。他们用连续分布函数定义隶属度函数，其函数值完全依赖于个体在总体中的相对位置，权重构造思想与 TFA 方法类似，但改用每个维度上的隶属度函数值的均值来构造权重，而不只是考虑完全贫困的情形。

但是 TFR 方法仍有两个陷阱：一是所采用的累计分布函数对连续变量的个体实际差异不敏感，只能反映相对贫困的比例；二是任何连续变量的隶属度函数的均值总为 0.5，没有考虑其分布。为此，他们提出了综合模糊集和相对方法（integrated fuzzy and relative approach，IFR），引入洛伦茨函数定义隶属度函数，与基尼系数联系起来，且 IFR 满足转移公理。权重的构造在频率法思想的基础上将指标间的相关性考虑在内，避免了信息的冗余（Betti et al.，2008）④。但由于 IFR 方法中洛伦茨函数的引入使维度贡献率的计算成为难题。Kim（2012）⑤ 基于英国家庭面板数据（BHPS）分别应用 TFA、TFR 和 IFR 三种方法进行了多维贫困测算和比较。

第三节　多维贫困指数的公理性质

与一维贫困类似，在多维贫困测度中也存在着公理化方法，不同的公理条件对应着不同的政策建议。公理化方法下测度的贫困指数满足不同的公理性质。本节主要介绍多维贫困指数的公理性质。

① VERMA V, BETTI G. Taylor linearization sampling errors and design effects for poverty measures and other complex statistics ［J］. Journal of Applied Statistics, 2011, 38（8）：1549-1576.

② CHELI, B, GHELLINI G, LEMMI A, et al. Measuring poverty in the countries in transition via TFR method：The case of Poland in 1990-1991 ［J］. Statistics in Transition, 1994, 1（5）：585-636.

③ CHELI B, LEMMI A. A totally fuzzy and relative approach to the multidimensional analysis of poverty ［J］. Economic Notes, 1995, 24（1）：115-133.

④ BETTI G, VERMA V. Fuzzy measures of the incidence of relative poverty and deprivation：A multidimensional perspective ［J］. Statistics Methods & Applications, 2008, 17（2）：225-250.

⑤ KIM S G. Measuring poverty as a fuzzy and multidimensional concept：Theory and evidence from the United Kingdom ［D］. Pittsburgh：University of Pittsburgh, 2012.

总结起来看，多维贫困测度中大致存在四种公理。第一种性质表示的是对于获得矩阵（achievement matrix）的某种变换不改变贫困测度结果，该性质称为不变性（invariance properties），它包括对称性（symmetry invariance）、复制不变性（replication invariance）、尺度无关性（scale invariance）、两种关注性质即分别是贫困关注（poverty focus）和剥夺关注（deprivation focus）以及序数性质（ordinality）。第二种性质表示的是对于获得矩阵的某种变换，贫困将增加或减小，称该性质为占优性（dominance properties），它包括单调性（monotonicity）、转移性（transfer）、重排（rearrangement）和维度转移（dimensional transfer）。第三种性质是关于某一人口群体或维度群体对总贫困的贡献，因此称为子群性质（subgroup properties）。第四种性质也是其他性质，是为了保证在特定用途或方便参数情况下测度方法可用，我们称之为技术性质（technical properties）。下面将详细介绍这四种性质。

在展开介绍之前，我们需要了解一些相关术语。首先介绍排列矩阵、双随机矩阵。排列矩阵是指在矩阵元素中，每行或每列只有一个 1，其余为 0。双随机矩阵是指一个方阵，若将方阵的元素记为 X_{ij}，则对所有 j 来说，$\sum_i X_{ij} = 1$，对所有 i 来说，$\sum_j X_{ij} = 1$。双随机矩阵的作用是什么？通过一个例子可以看出。即通过左乘一个双随机矩阵，可以对原来的矩阵元素按列平均化。

$$Y = \begin{pmatrix} 6 & 4 & 2 \\ 8 & 6 & 4 \end{pmatrix}, \quad X = \begin{pmatrix} 0.5 & 0.5 \\ 0.5 & 0.5 \end{pmatrix}, \quad XY = \begin{pmatrix} 7 & 5 & 3 \\ 7 & 5 & 3 \end{pmatrix}$$

再举一个三阶双随机矩阵为例来看，双随机矩阵表示为 X，

$$X = \begin{pmatrix} 0.5 & 0.5 & 0 \\ 0.5 & 0.5 & 0 \\ 0 & 0 & 1 \end{pmatrix}, \quad Y = \begin{pmatrix} 4 & 4 & 2 \\ 3 & 5 & 4 \\ 8 & 6 & 4 \end{pmatrix}, \quad XY = \begin{pmatrix} 3.5 & 4.5 & 3 \\ 3.5 & 4.5 & 3 \\ 8 & 6 & 4 \end{pmatrix}$$

若双随机矩阵的主对角线元素有 1 的情况，则相应取乘积之后，之前矩阵对应的那行元素保持不变，其余元素进行按列平均。

一、不变性

1. 对称性

对称性要求社会中每个人都被同等对待，研究者只关心剥夺值，而不关心是何人被剥夺了该剥夺值，因此该性质也经常被称作为匿名性。表示如下：若一获得矩阵 Y 由获得矩阵 X 经过变换而得，即 $Y = \Pi X$，其中 Π 是与 X 阶数相同的排列矩阵，则 $P(Y; z) = P(X; z)$。

2. 复制不变性

该性质要求一个社会中所有人的获得向量（或叫得分）都复制相同的有限倍数，则贫困测度结果保持不变。换句话说，该性质要求一个社会的贫困程度已经经过人口数的标准化处理，这也使得不同人口数之间的贫困可以相互比较，因此，该性质也被称作人口原则（principle of population）。表示如下：若一获得矩阵 Y 是由另一获得矩阵 X 经过有限倍数复制而来，则 $P(Y; z) = P(X; z)$。

例如，若获得矩阵 X，将其复制 2 倍得到 Y，则复制不变性要求 $P(Y; z) = P(X; z)$。

3. 尺度无关性

该性质要求贫困的测度结果不应该受到指标的尺度影响。例如若用受教育年限为指标，则不管其单位以年记还是月、日记，最终结果应该一致。表示如下：若一获得矩阵 Y 由另一获得矩阵 X 乘上一对角阵 Λ 得到，且剥夺临界向量 z' 由 z 通过 $z' = z\Lambda$ 得到，则 $P(Y; z') = P(X; z)$。

4. 关注性

第四种不变性质是关注性。对社会福利或不平等的测度与对贫困的测度主要区别在于后者更关注分布的底层，而前者则关注于整个分布。强调该性质就是要求贫困测度只对穷人的所得有反应。

关注贫困原则还要求非贫困人口在任意方面的获得增加不改变贫困测度。它表示如下：若一获得矩阵 X' 是由另一获得矩阵 X 变换而来，其中对于 $i' \notin z$ 的某些 $(i, j) = (i', j')$，$x'_{ij} > x_{ij}$；对于所有 $(i, j) \neq (i', j')$，$x'_{ij} = x_{ij}$。那么 $P(X'; z') = P(X; z)$。

关注剥夺原则要求任意人（无论是贫困还是非贫困）的未被剥夺维度上的获得增加，不改变总的贫困测度。它表示如下：若一获得矩阵 X' 是由另一获得矩阵 X 变换而来，其中对于 $(i, j) = (i', j')$，$x'_{ij} > x_{ij}$，当 $x_{ij} > z_j$；对于所有 $(i, j) \neq (i', j')$，$x'_{ij} = x_{ij}$。那么 $P(X'; z') = P(X; z)$。

5. 序数性质

序数性原则要求每个维度指标经过适当变换，贫困测度保持不变。若 $(X'; z')$ 是由 $(X; z)$ 经过等价表达变化而来，即存在恰当变换 $f_j: R_+ \to R_+$ 有 $x'_{ij} = f_j(x_{ij})$ 并且 $z'_{ij} = f_j(z_j)$。则 $P(X'; z') = P(X; z)$。

二、占优性

该性质包含六个原则，其中每一个都可以分为强原则与弱原则。强原则要求贫困人口的获得发生特定变化后，贫困测度结果严格朝某一方向变化。弱原则不要求贫困人口的获得发生特定变化后贫困测度结果严格朝某一方向变化，但至少不要朝相反（错误）方向变化。

1. 单调性

强单调性要求一个穷人在其被剥夺的维度上的获得增加而其他维度保持不变时，则总的贫困应该减小。弱单调性则要求总的贫困至少不会增加。各自表达如下。

强单调性：若一获得矩阵 X' 是由另一获得矩阵 X 经如下变换而来，则对于 $i' \in z$ 的某些 $(i, j) = (i', j')$，$x_{ij} < \min\{x'_{ij}, z_j\}$；对于所有 $(i, j) \neq (i', j')$，$x'_{ij} = x_{ij}$，那么 $P(X'; z) < P(X; z)$。

弱单调性：若一获得矩阵 X' 是由另一获得矩阵 X 经如下变换而来，则对于 $(i, j) \neq (i', j')$，$x'_{ij} > x_{ij}$；对于所有 $(i, j) \neq (i', j')$，$x'_{ij} = x_{ij}$，则 $P(X'; z) \leqslant P(X; z)$。

2. 维度单调性

强单调性和弱单调性原则是类比单维贫困分析的自然扩展，在多维分析视角下，我们需要引入维度单调性的概念。维度单调性要求一个并非在所有维度上都被剥夺的穷人，若在此前未被剥夺的维度上遭到剥夺，则贫困增加。

强维度单调性：若一获得矩阵 X' 是由另一获得矩阵 X 经如下变换而来，则对于 $i' \in z$ 的某些 $(i, j) \neq (i', j')$，$x'_{ij} < z_j < x_{ij}$；对于所有 $(i, j) \neq (i', j')$，$x'_{ij} = x_{ij}$，则 $P(X'; z) > P(X; z)$。

弱维度单调性：若一获得矩阵 X' 是由另一获得矩阵 X 经如下变换而来，则对于 $i' \in z$ 的某些 $(i, j) \neq (i', j')$，$x'_{ij} < z_j < x_{ij}$；对于所有 $(i, j) \neq (i', j')$，$x'_{ij} = x_{ij}$，则 $P(X'; z) \geqslant P(X; z)$。

3. 转移性

转移性与穷人群体中的不平等有关，该性质借用于多维不平等，指示了在获得的总平均值不变前提下，增加或减小分布中穷人的获得，不平等的度量值应该如何变化。在多维分布中减小不平等的方式有很多，在此我们采用一致优化的方法。穷人中的一致优化变换是指每个穷人的获得被替换为所有穷人的获得的凸组合。从数学上来讲就是获得矩阵左乘上一个双随机矩阵。弱转移原则要求穷人之间的获得分配更加平等后贫困至少不会增加。规范表达如下：

强转移原则：若一获得矩阵 X' 是由另一获得矩阵 X 经如下变换而来，即 $X' = BX$，其中 B 是一个双随机矩阵并且不是排列矩阵或单位阵，并对于所有 $i \notin z$ 有 $B_{ii} = 1$，则 $P(X'; z) < P(X; z)$。

弱转移原则：若一获得矩阵 X' 是由另一获得矩阵 X 经如下变换而来，即 $X' = BX$，其中 B 是一双随机矩阵并且不是排列矩阵或单位阵，并对于所有 $i \notin z$ 有 $B_{ii} = 1$，则 $P(X'; z) \leqslant P(X; z)$。

4. 重排性

多维情景下的转移原则与一维情景下类似，它与分布的扩展有关。然而还有另一种穷人间不平等，它只在多维情景下成立，由维度间的关系决定。这第二种不平等方式与获得值的联合分布相一致，它由 Atkinson 等人在 1982 年提出，不过他们同时使用了相关（correlation）和联系（association）两个概念。一般来说，相关指的是两个变量间的线性相关关系，而联系所指更广，它不仅包括线性相关也包括了如平方关系甚至是排序关系等。在此我们使用联系的概念来定义相关原理。

（1）重排性的规范表述

重排性要求贫困测度方法对维度间联系敏感，也就是要对联系减小重排做出反应。考虑如下情形：有两个人分别为 i 和 i'，并且在任意维度上 i 的境况至少同 i' 一样好。现在对于一个或几个维度，但不是所有维度上 i 和 i' 交换各自的获得，则在交换完成之后，i 只能在某些而非所有维度上都能等同于或优于 i'。而除这两人之外其他人的获得保持不变。该变换就是联系减小重排。为了与贫困分析更加贴切，我们给该定理加上更严格的规定：该变换必须发生在两个穷人之间。

然而对于经过联系减小重排之后贫困如何变化则存在不同的观点。其中一种直观的观点是经过联系减小重排之后贫困至少不会增加，因为看上去该变换减小了穷人之间的不平等。然而 Atkinson 等人（1982），Bourguignon 等人（2003）认为总贫困的变化情况是由维度间关系是替代性还是互补性来决定的。当维度间是替代性关系时，贫困应当减小；当维度间是互补性关系时，贫困应该增加。规范表达如下。

弱重排性（替代性）：若一获得矩阵 X' 是由另一获得矩阵 X 经穷人间联系减小重排而来，则 $P(X'; z) \leqslant P(X; z)$。

反向弱重排性（互补性）：若一获得矩阵 X' 是由另一获得矩阵 X 经穷人间联系减小重排而来，则 $P(X'; z) \geqslant P(X; z)$。

强重排性（替代性）：若一获得矩阵 X' 是由另一获得矩阵 X 经穷人间联系减小重排而来，则 $P(X'; z) < P(X; z)$。

反向强重排性（互补性）：若一获得矩阵 X' 是由另一获得矩阵 X 经穷人间联系减小重排而来，则 $P(X'; z) > P(X; z)$。

需要注意的是，在上述原理中穷人的识别状态经过交换是可能发生改变的，即使是他被剥夺的维度保持不变而未被剥夺维度发生改变的情况下。关于重排的系列性质可以定义得更加精确，只要对穷人的识别考虑能像重视贫困关注性质那样重视剥夺关注性质，后者意味着贫困识别仅仅只基于穷人被剥夺的维度而与其未被剥夺的维度无关。

（2）重排性的附加性质

关于重排还定义了一系列的附加性质，这些附加性质的基础是穷人间联系减小剥夺重排变换。假设 $\bar{Y}$ 和 $\bar{X}$ 分别表示 Y 和 X 的审查获得矩阵，Y 中有两个穷人 i 和 i' 并且对任意维度 j 有 $y_{i'j} < y_{ij}$。若矩阵 X 是有 Y 经如下变换而来：对某些维度 j 有 $x_{i'j} = y_{ij}$ 并且 $x_{ij} = y_{i'j}$；并且对所有 $i'' \neq i'$，i 以及 $j' \neq j$ 的情况有 $x_{i''j'} = y_{i''j'}$，并且 $\bar{X}$ 不是 $\bar{Y}$ 的一个排列变换，则称 $\bar{X}$ 是由 $\bar{Y}$ 经过穷人间联系减小剥夺重排变换而来。

根据以上讨论的穷人间联系减小剥夺重排变换以及维度间替代性或互补性关系假定，我们定义四种附加性质如下。

弱剥夺重排性（替代性）：若一获得矩阵 X' 是由另一获得矩阵 X 经穷人间联系减小剥夺重排而来，则 $P(X'; z) \leqslant P(X; z)$。

反向弱剥夺重排性（互补性）：若一获得矩阵 X' 是由另一获得矩阵 X 经穷人间联系减小剥夺重排而来，则 $P(X'; z) \geqslant P(X; z)$。

强剥夺重排性（替代性）：若一获得矩阵 X' 是由另一获得矩阵 X 经穷人间联系减小剥夺重排而来，则 $P(X'; z) < P(X; z)$。

反向强剥夺重排性（互补性）：若一获得矩阵 X' 是由另一获得矩阵 X 经穷人间联系减小剥夺重排而来，则 $P(X'; z) > P(X; z)$。

剥夺重排性质与重排性质的区别与联系如下：

①若一贫困测度方法满足（反向）正向弱剥夺重排性质，那么它必然满足（反向）正向弱重排性质。反之也成立。

②若一贫困测度方法满足（反向）正向强剥夺重排性质，那么它必然满足（反向）正向强重排性质。但是反之则不然。

由此可见，两个系列性质的主要区别在于强性质的区别。

上述诸多重排性质从技术上分析了贫困的变化，它们都依赖于不同维度间的联系，更深入的研究需要我们慎重理解这些性质的现实意义。更重要的是，这些性质是建立在维度间关系的统一假定之上，即所有的维度之间要么是互补性的，要么是替代性的，这是十分局限的假定。在实证研究时似乎并没有确定维度间互补性或替代性程度的标准，并且对于在分析多维贫困时哪些变量间关系必须被考虑进来也不是完全清楚。

（3）维度转移性质

关于重排还有一个相关的性质与本节所介绍的不变性中的序数性质相一致，叫作维度转移性质（dimensional transfer）。这一性质揭示的是不管是穷人间的联系减小重排还是穷人间的联系减小剥夺重排，都是对穷人间的获得值进行重排。然而对于某些重排，即使其是一个排列变换，也有可能并不改变剥夺状态，即剥夺矩阵保持不变或者只是对剥夺矩阵的一个排列变换。所以，上述讨论的重排性质对于判断一个叙述性贫困测度方法对穷人间剥夺转移的敏感程度是强还是弱是不适用的。

穷人间的维度重排指的是穷人间的获得值的联系减小重排，并且同时也要是剥夺值的联系减小重排。这一附加的条件保证了在获得值上处于较低层次的人在某些维度上处于剥夺状态而其他人则处于非剥夺状态时，经过维度重排，这些剥夺状态中的某些将变成了非剥夺状态。正式表达如下：$g^0(Y)$ 和 $g^0(X)$ 分别表示获得矩阵 Y 和 X 的剥夺矩阵。考虑两个穷人 i 和 i'，对所有维度 j 有 $g^0_{ij}(Y) \leqslant g^0_{i'j}(Y)$。若获得矩阵 X 是由 Y 经以下变换得到，即对某些维度 j 有 $g^0_{ij}(X) = g^0_{i'j}(Y)$ 且 $g^0_{i'j}(X) = g^0_{ij}(Y)$；对所有 $i'' \neq i'$，i 以及 $j' \neq j$ 的情况有 $g^0_{i''j'}(X) = g^0_{i''j'}(Y)$，并且 $g^0(X)$ 不是 $g^0(Y)$ 的排列变换，则称 X 是由 Y 经穷人间维度重排变换而来。穷人间的维度重排既不增加穷人的数量，也不增加穷人被剥夺的维度数。该变换可以看作一种前向转移，因为它使分布中两个穷人的处境从开始的差异状态变得温和。社会的总获得值未发生变化，但是维度间的相关性变小，继而不平等减小。因此下面这条性质要求经过穷人间维度转移之后贫困减小。

维度转移性质：若一获得矩阵 X' 是由另一获得矩阵 X 经穷人间维度转移变换而来，则 $P(X'; z) < P(X; z)$。

三、子群性质

1. 子群一致性

子群一致性是指总贫困的变化与子群贫困的变化保持一致。即比如将一个社会总人口分为组 1 和组 2，在组 1 贫困保持不变的情况下，组 2 的贫困增加或减小，总贫困相应地增加或减小。

2. 子群可分解性

子群可分解性是指总的贫困可以表示为所有人口子群各自贫困的加权和，而权重则由各个子群的人口占总人口的比例决定。

3. 维度分解性

在多维分析情况下，对总贫困的分解还有另外一种分解方式，即按维度分解，称为维度分割。总贫困等于各维度上的贫困的加权和。

四、技术性质

1. 重要性

该原理要求一个贫困测度方法至少要可取两个值，因为至少要有两个值可取，否则无法区分贫困或非贫困。当一个测度方法满足至少一个强占优性质时，该原理自动被满足。而当一个测度方法只满足弱占优性质时，该条原理的满足就尤为重要。

2. 标准化

标准化原理要求贫困在 0 到 1 取值，其中最小值 0 表示没有贫困，最大值 1 表示完全贫困。

3. 连续性

连续性原理是为了防止贫困测度值发生突然变化。它要求贫困测度值在获得值上连续。

第四节 计数方法框架及 AF 方法

计数方法作为一种测度贫困的方法，可以看作是与模糊集方法、信息论方法并列的测度方法之一。事实上，计数方法早在 1968 年已经应用在对斯堪的那维亚生活水平的测度中。AF 方法是近年来发展起来的一种计数方法，并已经较为广泛地应用于国际机构及多个国家的贫困测度实践中。

一、计数方法框架

计数方法的基本框架和步骤可总结为如下。

第一步：定义一系列相关指标；

第二步：为每个指标定义剥夺临界值，即如果每个人没有达到该临界值，就被认为是剥夺；

第三步：为每个人在每个指标上创建二元剥夺得分，其中 1 表示被剥夺，0 表示不被剥夺；

第四步：为指标赋权；

第五步：通过加权求和的方式得到剥夺得分，如果是等权方式，则可以通过计数的方式得到剥夺得分；

第六步：计算贫困临界得分，如果剥夺得分超过临界值，就被认为是贫困。

临界值的不同设定可区分为三种贫困测度方法：联合方法（union）、交叉法（intersection approach）和中间法①。因为需要两次设定临界值，因此计数方法也称为是双临界值法。

二、AF 方法与调整的 FGT 指数

AF 方法是应用计数方法来测度多维贫困的一种方法。AF 方法满足很多公理，从技术的角度看，AF 方法使用了较为直观的计数方法，并考虑了剥夺的联合分布。AF 方法是一个一般性的框架，不仅可用于贫困分析，还可以用于其他方面的分析。

AF 方法作为一种计数方法，也包括贫困识别和汇总两个过程。在进行贫困测度时，AF 方法与 FGT 方法紧密相关，因此也可称为是调整的 FGT 方法。

1. 定义剥夺矩阵

记 $X = [x_{ij}]$ 为 $n \times d$ 维矩阵，d 为维度，n 为所有个体，元素 x_{ij} 表示个体 i 在 j 维度上的取值；令 $z_j(z_j > 0)$ 代表个体或家庭在第 j 个维度上的剥夺临界值，Z 为特定维度临界值的行向量。这里给出一个一般性的定义，即对于某一向量 v，用 $|v|$ 表示其元素的和，用 $\mu(v)$ 表示 v 的均值，$u(X) = \sum_{i=1}^{n} \sum_{j=1}^{d} x_{ij} / (nd)$。

通过剥夺临界值来判定个体在给定维度上是否遭受剥夺。定义剥夺矩阵：

$$g^\alpha = [g_{ij}^\alpha] \ , \ g_{ij}^\alpha = \begin{cases} w_j \left(\dfrac{z_j - y_{ij}}{z_j}\right)^\alpha, & x_{ij} < z_j \\ 0, & x_{ij} \geq z_j \end{cases} , \ \alpha = 0, 1, 2 \qquad (3\text{-}4)$$

剥夺矩阵由 X 矩阵得来。其中，当 $\alpha = 0$ 时，剥夺矩阵的元素为 0 或 1；当 $\alpha \neq 0$ 时，数据的属性即数据是定性数据还是定量数据，会影响到贫困测度方法的应用。

---

① 中间法是本书定义的一种方法，文献中没有发现有此提法。

2. 通过贫困临界值来判定个体是否贫困

记 w_j 为维度 j 的权重，$\sum_{j=1}^{d} w_j = 1$ ①，$j = 1, 2, \cdots, d$。记个体 i 遭受剥夺的加权总维度数为 $c_i = |g_i^0|$，$0 < c_i < d$，贫困临界值 k 满足 $0 < k \leqslant d$；定义识别函数：

$$\rho_k(X_i; Z) = \begin{cases} 1, & c_i \geqslant k \\ 0, & c_i < k \end{cases} \qquad (3-5)$$

即只有个体遭受的加权总维度数达到 k 时，才被识别为贫困，包含了并集方法（$k = 1$）和交集方法（$k = d$）两种特例。当 $w_j = 1$，$j = 1, \cdots, d$ 时，对应于等权重的情形。进而定义截取的剥夺矩阵 $g^\alpha(k) = [g_{ij}^\alpha(k)]$，$g_{ij}^\alpha(k) = g_{ij}^\alpha \rho_k(X_i; Z)$。定义截取的剥夺数列向量 $C(k)$，元素 $c_i(k) = \rho_k(X_i; Z) c_i$，$i = 1, \cdots, n$。

3. 调整的贫困率指数

通常定义的贫困率 $H = \dfrac{q}{n}$（q 为界定为贫困的人口数量）易于计算和理解，但任一贫困个体受剥夺的总维数增加对贫困率并没有影响，也就是不满足维度单调性公理。Alkire 和 Foster 因此用贫困人口的平均剥夺份额 $A = \dfrac{|C(k)|}{d \times q}$ 对贫困率 H 进行修正，得到调整后的贫困发生率 $M_0 = HA$，M_0 克服了 H 的缺点，满足维度单调性公理。M_0 也可以等价地定义为：

$$M_0 = \mu(g^0(k)) = \frac{|g^0(k)|}{nd} = \frac{|C(k)|}{nd} \qquad (3-6)$$

4. 调整的贫困距指数

FGT 指数族中的贫困距指数也可以借鉴用于多维贫困测度中。贫困距概念考虑了贫困的深度，可以用定量数据通过与贫困临界值的标准化处理求得。

此时相应的剥夺矩阵 $g^1(k)$ 的元素即为 $\left(\dfrac{z_j - y_{ij}}{z_j}\right)$，据此矩阵来进行分析。上述 M_0 对剥夺的深度不敏感，于是定义调整的贫困距 $M_1 = HAG = M_0 G$，其中 $G = \dfrac{|g^1(k)|}{|g^0(k)|}$ 为平均贫困距，等价于 $M_1 = \mu(g^1(k)) = \dfrac{|g^1(k)|}{nd}$。$K$ 为识别多维贫

---

① 这是加权方法中权重的标准化处理方法。多维贫困测度中，权重还可以采用 $\sum_{j=1}^{d} w_j = d$ 的方式。还有多种权重设置方法。

困的维度临界值。M_1 方法满足单调性公理，其值随贫困个体 i 在 j 维度上剥夺程度加深而增加。

但 M_1 对不同剥夺深度予以相同对待，为此定义调整的 FGT 指数 $M_2 = HAS = M_0 S$，其中 $S = \dfrac{|g^2(k)|}{|g^0(k)|}$ 表示平均贫困距平方，亦等价于 $M_2 = \mu(g^2(k)) = \dfrac{|g^2(k)|}{nd}$，矩阵 $g^2(k)$ 的元素即为 $\left(\dfrac{z_j - y_{ij}}{z_j}\right)^2$，$M_2$ 方法满足转移性质，对剥夺分布的不平等性敏感。

Alkire 和 Foster 将多维贫困指数 M_0、M_1 和 M_2 概括地定义为调整的 FGT 类：

$$M_\alpha = \mu(g^\alpha(k)) = \frac{|g^\alpha(k)|}{nd}, \ \alpha = 0, 1, 2 \qquad (3-7)$$

调整的 FGT 类指数 M_α 基于一系列严谨苛刻的贫困公理，其中可分解公理应用较广，群体分解和维度分解可用于分析贫困人口的内在结构以及影响多维贫困贡献率的内在原因，并为制定差异化政策提供建议。

三、AF 方法的应用

AF 方法可用于测量贫困和福利，瞄准公共服务对象，检测评估项目的有效性和进展，其中在多维贫困领域的发展最为成熟。AF 方法提供了多维贫困测量的总体框架，其维度、临界值、权重和贫困临界值均可以根据具体情况灵活设置，联合国从 2010 年发布的人类发展报告中就采用 AF 方法测算了多个国家的多维贫困指数 MPI。

AF 方法要求数据来自单一调查来源，且在个人层次上（或家庭层次上）关联，不能采用匿名或者来自不同来源的数据。在 M_α 中，仅有 M_0 可同时用于定性数据和定量数据，而 M_1 和 M_2 只适用于定量数据，由于缺少一致可比的数据，目前多维贫困的测度基本上局限于 M_0 层次的测度，指标的选取也存在投入指标和产出指标并存、存量和流量并存的问题。

AF 方法虽与 F-M 指数类似，均为在单维 FGT 指数基础上的扩展，但 AF 方法建立在"多重剥夺"的贫困概念基础上，只有遭受多重剥夺的个体才会被视为贫困人口，而在 F-M 指数测算中，任一维度上遭受剥夺即视为贫困。AF 方法对各维度剥夺的联合分布较敏感，因此 MPI 可以反映某个群体最普遍的剥夺组合（如饮用水和卫生设施往往同时遭受剥夺），从而有助于对不同贫困人群提供差异化的资源组合扶持。这也是 AF 方法要求各维度数据在个人或家庭层次关联的原因。

第五节 多维贫困指数构建的不同加权方法

在多指标综合评价中，权重是一个不可忽视的问题。同理，在多维贫困指数的构建过程中，我们也不能忽视权重的设置。在多维贫困指数中，有两个层面涉及权重：一个层面是维度之间的权重设置，一个层面是指标之间的权重设置。这一节中我们将先概括一些常用的权重设置方法。

一般来说，权重的设置包括主观赋权法和客观赋权法。主观赋权法如专家打分法就是典型的主观赋权方法。客观赋权方法则主要由数据结构产生权重，如常用的主成分分析法、熵权法等。

一、主观赋权法

在多维贫困指数的构建中，我们把指标等权法和维度等权后指标等权法都作为主观赋权方法。因为这两种赋权方法不是由数据结构得出的权重。

1. 指标等权法

指标等权法是指在多维贫困的所有维度和每个维度下所有指标都确定了之后，将总权重为 1 平均分配给所有的指标。由于每个维度下的指标数量不必然相等，因此这种方法并不保证维度之间是等权的。

如假设维度总数为 J，第 j 个维度下有 n_j 个子指标，其中 $j = 1$，2，$\cdots$，J。则每个子指标的权重都设置为 $w = 1/\sum_{j=1}^{J} n_j$。

2. 维度等权后指标等权

该方法首先是在维度层面赋予各个维度是等权重的，然后在每个维度下面再进行等权分配。由于每个维度下面的指标数量不完全相等，因此并不能保证每个指标是等权的。

具体而言，设维度总数为 J，第 j 个维度下有 n_j 个子指标，其中 $j = 1, 2, \cdots,$ J。则首先对维度进行等权分配，各维度权重设置为 $w_j = 1/J$。然后对每个维度进行指标等权。以 w_{ij} 表示第 j 个维度下第 i 个指标的权重，其中 $i \leqslant n_j$，则 $w_{ij} = 1/(J \times n_j)$。

二、客观赋权法

客观赋权法则希望通过挖掘数据结构中的信息来获得权重，以克服主观赋权的随意性。主成分分析法、多元对应方法、模糊集法、数据包络分析法、回归方程法、方差比较法、标准差比较法等都可归为客观赋权法。考虑到实用性，本部分主要介绍主成分分析法、多元对应方法、模糊集法等方法①。

1. 主成分分析法（PCA）

主成分分析法是一种通过对原变量的方差-协方差矩阵进行分析，提取原变量线性组合中方差变异度最大的组合，来达到数据降维的一种统计方法。其思想在于，如果初始的 p 个变量的变异度可以被 k 个（$k < p$）主成分所解释，那么可以认为这 k 个成分包含和原先的 p 个变量同样多的信息。

在进行赋权时，可以通过第一主成分，或者通过多个主成分的组合来得到权重。但是由于在多维贫困指数构建中，有非常多的数据是分类数据或者是序数数据，这时应用传统的主成分分析法来分析就不太合适。这是因为原始变量是非数值化的，这种情况下的均值、方差以及协方差的解释有别于连续型数据。

此外，传统的主成分分析法是对标准化处理后的数据进行分析。但如果是偏态分布的数据，传统的主成分分析法将会给予偏度最大的那些变量更大的权重，因为更大的偏度值往往意味着更小的变异度。为便于理解，假设有某分类变量取值为 1 和 0，并假定有 90% 的数据都集中在取值 1。那么该变量解释的数据的变异度就很小，因为其标准差必然非常小。但是当进行标准化处理时，由于被除数标准差非常小，导致最终标准化后的值反而很大。这时传统的主成分分析法会赋予该变量更大的权重。为了弥补传统的主成分分析法的不足之处，Kolenikov 等人（2004）② 提出了多分格主成分分析（polychoric PCA）来对传统 PCA 进行扩展，该方法十分适合用来处理离散数据，其原理在于假设每一个序数型变量的背后都隐含了一个连续型变量。比如某个度量健康状态的变量，其取值分为"健康""正常"和"不健康"三个级别，则此时有理由假设有一个连续变量与其对应。受访者对自身健康状态的划分也是与潜在的健康状态阈值相比较的结果。这些潜在的阈值是可以估计出来的，因而潜在的连续变量的分布以及这些变量之间的相关系数都可以被估计出来。更详细的关于该方法的讨论参见 Kolenikov 和 Angeles 的文章。我们接下来简单介绍该方法获得权重的原理。

假设有 p 维的随机变量 X，则其 $p \times p$ 阶的方差-协方差矩阵可以用 Σ 来表

---

① 张世君. 多维贫困指数测定中权重设定的比较研究 [D]. 太原：山西财经大学，2017.

② KOLENIKOV S, ANGELES G. The use of discrete data in PCA：Theory, simulations and applications to socioeconomic indices [R]. [S.l.]：Working Paper of Measure/Evaluation Project, 2004.

示。主成分分析可以找出原随机变量的线性组合，使得在该方向上组合的方差最大。换言之，主成分就是随机变量 x_1, x_2, $\cdots$, x_p 的线性组合 $a_1'x$, $a_2'x$, $\cdots$, $a_p'x$，其中 x 表示原随机变量向量：$y_j = a_j'x$，其中 $j = 1$, 2, $\cdots$, k。

该做法的思想认为第一主成分提取出原数据最多的信息，第二主成分提取出仅次于第一主成分的第二多的信息，即提取出剔除了第一主成分剩余子空间中最多的信息。其余主成分依此类推。

主成分的求解最终可以转化成对原始随机变量的协方差矩阵求特征值及特征向量的过程，也就是变成对 $\Sigma\alpha = \lambda\alpha$ 的求解。对方程的求解最终会得到 p 个特征值 λ_1, λ_2, $\cdots$, λ_p 及其各自的相对应的特征向量 μ_1, μ_2, $\cdots$, μ_p。由上面的分析可知，这 p 个特征值的对应关系为 $\lambda_1 \geqslant \lambda_2 \geqslant \cdots \geqslant \lambda_p$，称 $a_k = \lambda_k / (\lambda_1 + \lambda_2 + \cdots + \lambda_k)$ 为第 k 个主成分的方差贡献率。而由于特征值是随次数增加而递减的，因此实际上主成分分析法是把 p 个随机变量的总方差分解为 p 个不相关的随机变量的方差之和，使得第一主成分的方差达到最大，而第一主成分是由以第一个特征值对应的特征向量为系数的原始变量的线性组合。变换后最大方差为 λ_1，而 $a_1 = \lambda_1 / \sum \lambda_i$ 表明了 λ_1 在总方差中的贡献率。

第 k 个主成分 y_k 与第 i 个原始变量 x_i 的相关系数被称为因子载荷量。因子载荷量在主成分分析中是非常重要的概念，其绝对值大小度量了该主成分的主要意义与受原始变量的影响程度。我们可以将因子载荷量表示为 $\rho(y_k, x_i) = \mu_{ki}\sqrt{\lambda_k}/\sigma_{ii}$，其中 μ_{ki} 表示第 k 个主成分的第 i 个系数，σ_{ii} 表示第 i 个原始变量的方差。因子负荷量 $\rho(y_k, x_i)$ 与系数向量 μ_{ki} 成正向关系，且与第 i 个原始变量 x_i 的方差 σ_{ii} 成反向关系。第 i 个原始变量对第 k 个主成分的重要性体现为因子载荷量的大小。

标准的主成分分析和多分格的主成分分析都具有上述性质。多分格主成分分析（简称多分格 PCA）主要是为了适应多维贫困中大量的分类变量及序数变量，因此在主成分分析过程当中使用的并不是标准的方差-协方差矩阵，也不是皮尔森相关系数矩阵，而是多分格相关系数矩阵（polychoric correlation matrix）。多分格相关系数计算的是原始序数变量与隐藏在原始序数变量之后的潜在连续数值变量之间的相关系数，虽然计算方法不同，但是它所包含和表达的意义与皮尔森相关系数一样。

在多维贫困指数构建中，如果第一主成分可以解释原始数据集中非常多的变异，那么可以认为第一主成分就是多维贫困复合指数的表达式。由于多维贫困指数是基于全社会的剥夺状态矩阵以及权重计算得到，因此根据上述分析，在主成分分析加权方法下我们最终得到的多维贫困指数实际上是各维度各指标的剥夺状态的加权平均的结果，而具体到每个指标的权重则等于第一主成分与该指标的相关系数，也即因子载荷量。

2. 多元对应分析法[①]

多元对应分析（MCA）是在多维数据上对对应分析方法的扩展与延伸，多元对应分析可以很好地对多个分类变量之间的关系模式进行分析（Asselin，2009)[②]，因此常常被用来分析分类数据及序数数据而不是数值型数据。相对于主成分分析而言多元对应分析对原始变量的数据分布假定更少、处理效果更好。在多维贫困分析时，很多变量都是分类变量，因此可以使用多元对应分析法。

主成分分析与多元对应分析都是根据数据结构进行分析的方法，目的都是要解释原始数据变量之间的潜在关系。第一主成分是捕获了原始数据中最大方差的潜在变量，也是用来代表或复现原始数据的最佳变量。

Asselin 指出，与主成分分析相比较，在多维贫困研究问题上，多元对应分析除了适合于分类数据这点优势外，至少还有两个优点。第一，"少数分子"的指标在 MCA 方法下有更大的权重。也就是说，若某个指标上只有少部分人是贫困的，那么该指标会得到更多的权重。在其他社会科学现象中，这种情形也有其合理性。第二个优点可以理解为互惠双加性质。第二个性质比第一个性质相对更为重要，因为它意味着在每个维度上人口的剥夺状态排序与最终复合指标上保持不变。每个人或家庭的多维贫困指数是在各指标上剥夺状态的剥夺评分的加权平均，具体方法阐述如下：

设有 K 个指标，我们以 k 表示第 k 个指标，其中 $k = 1$，2，$\cdots$，K。j 表示某个指标上的第 j 个状态，其中 $j = 1$，2，$\cdots$，J_k，I 是每个状态上的二值指标（取值为 0 或 1）。W 表示由多元对应分析得出的权重，其在数值上等于由第一主成分所对应的特征值 λ_1 标准化后的因子得分，下标 i 表示第 i 个家庭，那么最终的多维贫困指数 MPI 可以表达为下式：

$$\mathrm{MPI}_i = \frac{1}{k} \sum_{k=1}^{K} \sum_{j_k=1}^{J_k} W_{j_k}^{K} I_{jk^i}^{k} \tag{3-8}$$

其中权重的计算由下式给出：

$$W_{j_k}^{k} = \frac{s^k}{\sqrt{\lambda_1}} \tag{3-9}$$

① 张世君. 多维贫困指数测定中权重设定的比较研究 [D]. 太原：山西财经大学，2017.
② ASSELIN L M. Analysis of multidimensional poverty [M]. New York：Springer, 2009.

3. 模糊集法

在贫困线划定及贫困人群界定研究上，通常都需要设定一个贫困阈值。该阈值的意义在于，低于该阈值的家庭或个人就被认定为贫困，而高于或者等于该阈值的就被认定不贫困。但是在贫困临界值附近的个体或者家庭，本质上的差异并不太大，因此 Qizilbash（2003）[①] 提出了贫困是一个模糊而非明确的概念的观点，且贫困人群与非贫困人群之间似乎也很难得到一个非常明确的界限。因此对这种模糊意义上的贫困问题研究就需要另一个数学框架来处理，而模糊集理论可以解决这类问题。Cerioli 等（1990）[②] 将模糊集理论引入到贫困问题研究上。

为了得到每个家庭 i 的多维贫困指数 $\mu(i)$，需要将 k 个维度的剥夺情况简化成一维的指标。贫困指数 $\mu(i)$ 被定义为 k 个维度上隶属函数的加权平均：

$$\mu(x_i) = \frac{\sum_{j=1}^{k} \mu(x_{ij}) w_j}{\sum_{j=1}^{k} w_j} \qquad (3-10)$$

w_j 代表第 j 个指标的权重。设置权重时，Cheli 和 Lemmi 提出如下公式：

$$w_j = \ln(\frac{1}{\mu_j}) / \sum_{j=1}^{k} \ln(\frac{1}{\mu_j}) \qquad (3-11)$$

权重 w_j 是平均贫困程度的倒数形式，其中：

$$\bar{\mu}(x_j) = \frac{1}{n} \sum_{i=1}^{n} \mu(x_{ij}) \qquad (3-12)$$

三、不同加权方法的比较

对多维贫困测算这个问题，权重直接影响测算结果。那么对于不同的加权方法，哪种方法更优，哪种方法更劣呢？我们在这里给出一种方法论上的探索[③]。

权重反映不同指标之间的分配或对比关系。如果将权重看作随机的，我们可以考虑采用一种随机实验的模拟方法，来看一下如果在多次随机实验之后，计算得出的多维贫困指数以及在不同地区之间的排序如何。将这种实验结果看

---

① QIZILBASH M. Vague language and precise measurement: The case of poverty [J]. Journal of Economic Methodology, 2003, 10 (1): 41-58.

② CERIOLI A, ZANI S. A fuzzy approach to the measurement of poverty [C] // DAGUM C, ZENGA M. Income and wealth distribution, inequality and poverty. Italy: [s.n.], 1990.

③ 张世君. 多维贫困指数测定中权重设定的比较研究 [D]. 太原：山西财经大学，2017.

作一种参照，将不同方法下得到的结果与该参照进行对比，计算出不同权重方法下的总偏差，据此选择权重。

具体的实验步骤如下：

第一步，使用均匀分布来随机生成 8 个 [0，1] 均匀分布样本 $w = (w_1, w_2, \cdots, w_8)$，其中任意元素 w_j 表示第 j 个贫困子指标的权重，然后对 w 进行归一化处理即 $w_j^* = \dfrac{w_j}{\sum w_j}$，保证所有指标的权重和为 1。因为均匀分布能保证权重的生成在 [0，1] 是随机的，因此没有采用其他分布形式。

第二步，使用上一步得出的归一化后的权重向量 $w^* = (w_1^*, w_2^*, \cdots, w_8^*)$，将其代入到多维贫困指数的计算过程中，分别计算出所有地区的多维贫困指数。并按照指数大小升序排序，指数排序越靠前说明该城市越不贫困，反之越贫困。记录下该次排序结果，$R_l = (r_{1l}, r_{2l}, \cdots, r_{ml})$。其中 R_l 表示第 l 次实验的排序结果，向量中元素 r_{il} 表示第 i 个城市在第 l 次实验中的排序序数，以此类推。

第三步，重复进行多次实验，以求得到一个稳定的结果。每次实验下记录每个地区多维贫困的排序情况，在多次实验之后将每个地区的排序取均值，将排序均值作为最后排序的基准。

第四步，将此排序均值得到的地区间排序作为比较，定义误差函数 $f(r) = \sum_{i=1}^{12} |r_i - r_i^*|$，其中，12 表示 12 个地区，$r_i$ 表示在某种加权方法下，第 i 个地区的排序值，而 r_i^* 表示第 i 个地区在随机实验下得到的参照排序值。误差函数越小，说明与这种参照相比较，权重设置得较为合理。

第六节　模糊集方法测度贫困

一、模糊集基本理论

在社会科学中，很多事物是无法严格分类为是或否的，很难找到这样的分类线。如在贫困问题中，贫困线附近的个人，本质上收入水平接近，但如果按照贫困线，严格区分为贫困和非贫困两个群体，有点儿过于生硬。所以说，现实生活中的很多情况无法通过简单的是与否二值来回答，而模糊集理论可以应用在这些古典二值理论无法描述的情况中。模糊集理论至今仍被广泛应用在计算机科学、工程科学与其他基础科学中，包括社会科学当中①。

模糊集方法是多维贫困测度方法中的一种。其思路体系是首先根据所研究的问题设计一套指标体系，其次根据指标的不同类型来设置不同形式的隶属函数，再根据隶属函数来计算每一对象在某个变量上的隶属函数值，根据这一隶属函数值来计算这一对象在该变量上的被剥夺程度，被剥夺程度设定在 0 到 1，包含 0 和 1。具体在贫困研究中，不再使用某一特定贫困线的做法而是界定成员归属的不同等级。

二、隶属函数的定义

定义集合 X，集合中的元素 $x \in X$；模糊子集 A 的定义如下：

$$A = \{x, \mu_A(x)\}，这里 \mu_A(x)：X \rightarrow [0, 1] \qquad (3-13)$$

$\mu_A(x)$ 称为模糊集合 A 的隶属函数，$\mu_A(x)$ 的值表示元素 x 属于模糊集 A 的程度。因此，$\mu_A(x) = 0$ 意味着 x 不属于 A，$\mu_A(x) = 1$ 表示 x 完全属于 A，$0 < \mu_A(x) < 1$ 表示 x 部分地属于 A。

三、完全模糊和相对方法（TFR）

Cheli 等（1995）② 提出了 TFR 方法，该方法包括三个步骤。

1. 定义贫困

根据研究目的和问卷的数据供给情况，我们需要选择一个包含 v 个属性的向量来识别和分析样本的剥夺情况，属性变量包括耐用品的拥有情况、住宅特征、房屋质量和资产的拥有情况等。

2. 根据指标设计隶属函数

给出在某一个指标上家庭或者个体的被剥夺程度的测度方法。举个例子，样本为 n 个家庭，有 k 个具体指标组成向量，j 表示第 j 个指标。对于每个指标，函数 $x_j^{(l)}$ 的定义域是 $l = 1, \cdots, M$。将 $x_j^{(l)}$ 按升序对指标 j 中的个体或者家庭进行重新排列，$x_j^{(l)}$ 值越大代表陷入贫困的风险越大。$x_j^{(1)} = 0$ 代表在指标 j 上陷入贫困的风险最小，$x_j^{(M)} = 1$ 代表在指标 j 上陷入贫困的风险最大。变量类型不同，

① 王玉丹. 基于分位数回归方法的人力资本减贫效应研究：以模糊集方法测度贫困 [D]. 太原：山西财经大学，2018.

② CHELI B, LEMMI A. A totally fuzzy and relative approach to the multidimensional analysis of poverty [J]. Economic Notes, 1995, 24 (1)：115-133.

隶属函数不同。

（1）二值变量

在贫困研究中，二值变量可以是指拥有某种物品或者服务（如健康保健服务），或者不拥有某种物品或服务的情况。如果拥有该物品或服务，则认为在这个指标下不容易贫困，反之，如果不拥有此物品或服务，则认为贫困的概率较高。该类变量的贫困隶属函数值只能取 0 或 1，0 表示出现贫困的概率低，1 表示出现贫困的概率高。

$$\mu_j(x_{ij}) = \begin{cases} 0, & \text{家庭或者个体拥有某种物品或服务} \\ 1, & \text{家庭或者个体不拥有某种物品或服务} \end{cases} \quad (3\text{-}14)$$

（2）离散变量

Cheddar 和 Lemmi 提出在指标 j 上的贫困程度应当与累积分布函数成比例：

$$F(x_j) = \int_0^{x_j} f_j(x)\,dx \quad (3\text{-}15)$$

该假定基于这样一个事实：一个家庭的贫困感受与群体中拥有一种物品的家户总数直接相关，也就是说，该方法强调贫困感受的相对性。在 TFR 方法中，贫困或者不平等的程度，即贫困集中归属函数的值，即在指标 j 上第 i 个家户的 $\mu_j(i)$ 满足：

$$\mu_j(x_{ij}) = \begin{cases} 0, & if\ x_{ij} = x_j^{(1)} \\ \mu_j(x_j^{(l-1)}) + \dfrac{F(x_j^{(l)}) - F(x_j^{(l-1)})}{1 - F(x_j^{(1)})}, & if\ x_{ij} = x_j^{(l)} \\ 1, & if\ x_{ij} = x_j^{(M)} \end{cases} \quad (3\text{-}16)$$

x_{ij} 代表指标 j 上第 i 户的值，对 j 指标的 n 个个体按照贫困程度递增的顺序进行排序后，$\mu_j(x_j^{(l-1)})$ 代表第 $(l-1)$ 位在指标 j 上的剥夺程度。根据这个公式，剥夺程度 $\mu_j(x_{ij})$ 落在区间 [0，1]，并且剥夺程度的值随着陷入贫困的风险的增加而增加。

（3）连续变量

利用模糊集方法测度多维贫困时，最常见的连续变量是"收入"，收入水平低，表示陷入贫困的概率高，隶属函数的值为 1；收入水平高，表示陷入贫困的概率最低，隶属函数值为 0；收入水平介于最小值和最低值之间，则具有不同的隶属函数值。针对此种情况，可以根据其值在总体中所处的相对位置来对隶属函数进行定义，表达式如下：

$$\mu_j(x_{ij}) = \begin{cases} 0, & x_{ij} \geqslant x_{\max, j} \\ \dfrac{x_{\max, j} - x_{ij}}{x_{\max, j} - x_{\min, j}}, & x_{\min, j} < x_{ij} < x_{\max, j} \\ 1, & x_{ij} \leqslant x_{\min, j} \end{cases} \qquad (3-17)$$

另外，也有不同的情况，对于某些连续变量来说，取值越大反而越贫困，那么针对此情况可以采用如下隶属函数形式：

$$\mu_j(x_{ij}) = \begin{cases} 0, & x_{ij} \leqslant x_{\min, j} \\ \dfrac{x_{ij} - x_{\min, j}}{x_{\max, j} - x_{\min, j}}, & x_{\min, j} < x_{ij} < x_{\max, j} \\ 1, & x_{ij} \geqslant x_{\max, j} \end{cases} \qquad (3-18)$$

3. 确定权重

为了得到每个家庭 i 的多维贫困指数 $\mu(i)$，需要将 k 个维度的剥夺情况简化成一维的指标。贫困指数 $\mu(i)$ 被定义为 k 个维度的加权平均。

$$\mu(x_i) = \frac{\displaystyle\sum_{j=1}^{k} \mu(x_{ij}) w_j}{\displaystyle\sum_{j=1}^{k} w_j} \qquad (3-19)$$

w_j 代表第 j 个指标的权重。设置权重时，Cheli 和 Lemmi 提出如下公式：

$$w_j = \ln\left(\frac{1}{\overline{\mu}_j}\right) \Big/ \sum_{j=1}^{k} \ln\left(\frac{1}{\overline{\mu}_j}\right) \qquad (3-20)$$

权重 w_j 是平均贫困程度的倒数形式，其中：

$$\overline{\mu}(x_j) = \frac{1}{n} \sum_{i=1}^{n} \mu(x_{ij}) \qquad (3-21)$$

这意味着，如果维度 j 是一种全社会都广泛拥有的物品，我们就给予维度 j 相当重要的权重。换句话说，拥有某个物品的人越多，不拥有这件物品的人就越贫穷。最后，全部人口的贫困指数被定义如公式 3-22，P 表示在模糊意义上，贫困家庭的比例。

$$P = \frac{1}{n} \sum_{i=1}^{n} \mu(x_i) \qquad (3-22)$$

第四章　中国多维贫困的实证测度

第一节　基于 AF 法的多维贫困测度

一、数据库基本说明

本书主要使用的数据库是 CFPS，同时由于 CFPS 数据库在 2010 年之后才开始调查，本书还提供了 CHNS 数据库的测算结果，这样可以对中国过去的多维贫困有所了解。

CHNS 数据库是中国较早公开的微观调查数据库①。CHNS 数据库提供了包括东部、中部和西部共 9 个省份的调查数据。调查问卷前后基本衔接，具有可比性。CHNS 从 1989 年开始调查，历经 1991 年、1993 年、1997 年、2000年、2004 年、2006 年、2009 年、2011 年。2000 年城乡样本总数分别为 1 069个和 2 342 个家庭，2009 年城乡分别为 1 457 个和 3 013 个家庭。从样本结构来看，各个省份结构基本均衡。

CFPS② 是一项全国性、大规模的社会跟踪调查项目，涵盖了来自中国 25个省、直辖市、自治区的近 94.05% 的人口③，包括城市和农村约 16 000 户家庭的 42 000 人，样本量大，数据较为可靠。CFPS 的调查年份较新，滞后程度低，其结果更具有参考价值。同时 CFPS 包含了收入维度、教育维度和医疗维度的相关指标，满足研究多维贫困和后面开展的多维不平等的数据需求。但需要指出的是，2016 年以后 CFPS 数据库中有一些调查项目发生了变化（2016

---

① CHNS 数据下载链接 https://www.cpc.unc.edu/projects/china
② CFPS 数据下载链接 http://www.isss.pku.edu.cn/cfps/index.htm
③ 不包括内蒙古自治区、海南省、西藏自治区、宁夏回族自治区、青海省和新疆维吾尔自治区。

年没有调查家庭通电、家庭卫生设施和家用设备，2018年没有调查儿童死亡情况），导致前后测度多维贫困时指标选择有所不同。

二、多维贫困指标设计

总体来看，联合国MPI的设计中包含了3个大的维度：教育、健康及生活条件（具体见表1-1），在这3个维度下又设计了若干具体指标[①]。

多维贫困指标设计主要有两个依据：第一是参照联合国千年发展目标，第二是数据库中包含该指标。由于不同的数据库调查问卷不同，因此指标体系不完全相同。表4-1和表4-2分别列出了CHNS数据库和CFPS数据库中多维贫困测算所使用的指标体系。这些指标体系主要在家庭层面展开分析。

表4-1　CHNS数据库中指标体系设计与临界值定义

维度	指标	贫困临界值
教育	受教育年限	任一家庭成员受教育年限小于5年
	适龄儿童在校情况	家庭中6~15岁儿童失学
健康	医疗保险	任一家庭成员没有医疗保险
生活水准	电	家里不通电
	卫生设施	不能使用室内、室外冲水厕所和干式卫生厕所
	饮用水	家中没有清洁饮用水
	做饭燃料	用木炭、动物粪便、木头作为做饭燃料
	电器资产	拥有冰箱、彩电、电话、自行车、摩托车、三轮车中的两项以下，及没有汽车或者拖拉机
	住房	不能从政府、单位获得住房，或者没有自己的住房

表4-2　CFPS数据库中多维贫困指标体系设计

维度	指标	界定标准（出现以下情况即视为该指标贫困）
教育	上学年限	没有一位家庭成员完成五年学业或没有一位家庭成员完成小学教育
	儿童入学	有任何一个6~15岁的儿童没有上学
健康	儿童死亡	家庭中有任何一个儿童死亡
	营养不良	家庭中任何一个年龄在70岁以下的成人的BMI指数小于18.5或儿童体重的Z值小于负的两倍标准差

---

① 使用CHNS和CFPS等不同的数据库时所采用的多维贫困指标体系不完全相同。

表4-2（续）

维度	指标	界定标准（出现以下情况即视为该指标贫困）
生活水平	通电	没有通电
	厕所	住户没有独立厕所，室内的、室外的、冲水式的、非冲水式的均可
	饮用水	住户没有合格的饮用水，这里指的是泉水、自来水、矿泉水、纯净水、过滤水
	做饭燃料	住户做饭使用的燃料是粪、木材或者木炭
	家用设备	家庭没有汽车且以下设备的拥有量小于等于1：电视、移动电话、电动自行车、摩托车、冰箱

注：由于 CFPS 调查项目发生变化，2016 年的指标体系中去掉了厕所、通电和家用设备，2018 年的指标体系中去掉了厕所、通电、家用设备和儿童死亡。

三、基于 CHNS 的中国多维贫困指数测度

基于 CHNS 数据库，本章使用 AF 方法，测算了数据库中部分代表性省份的农村和城市在不同贫困临界值下的历年 MPI。该表的测算结果是基于指标等权的方法得到的，计算结果如表4-3和表4-4所示，图4-1和图4-2是对应的折线图。对于不同加权方法的比较，本书在下一节采用了 CHNS 数据库 2015 年的数据来加以阐述。

表4-3　中国农村 1991—2015 年的 MPI 测算结果

贫困临界值	1991	1993	1997	2000	2004	2006	2009	2011	2015
1	0.513	0.5	0.461	0.437	0.407	0.362	0.289	0.259	0.223
2	0.511	0.498	0.459	0.434	0.403	0.354	0.27	0.233	0.192
3	0.502	0.486	0.435	0.404	0.367	0.306	0.206	0.166	0.128
4	0.46	0.443	0.372	0.336	0.295	0.21	0.109	0.085	0.059
5	0.177	0.153	0.11	0.08	0.05	0.024	0.005	0.004	0.003
6	0.038	0.029	0.013	0.008	0.002	0.002	0.001	0	0
7	0.001	0.002	0	0	0	0	0	0	0
8	0	0	0	0	0	0	0	0	0
9	0	0	0	0	0	0	0	0	0

表 4-4　中国城市 1991—2015 年 MPI 的测算结果

贫困临界值	1991	1993	1997	2000	2004	2006	2009	2011	2015
1	0.339	0.328	0.313	0.302	0.283	0.265	0.216	0.182	0.156
2	0.324	0.313	0.298	0.287	0.266	0.241	0.176	0.134	0.1
3	0.271	0.257	0.228	0.209	0.183	0.161	0.103	0.066	0.04
4	0.188	0.171	0.141	0.12	0.088	0.076	0.04	0.018	0.012
5	0.016	0.014	0.012	0.013	0.008	0.005	0	0.001	0.001
6	0.002	0.002	0.001	0.002	0.001	0	0	0	0
7	0	0	0	0.001	0	0	0	0	0
8	0	0	0	0	0	0	0	0	0
9	0	0	0	0	0	0	0	0	0

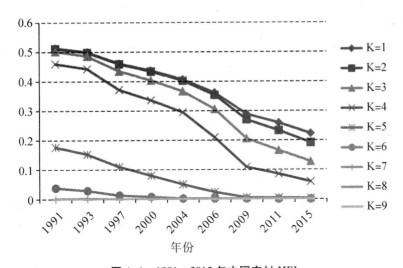

图 4-1　1991—2015 年中国农村 MPI

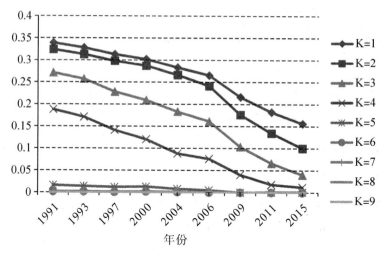

图 4-2　1991—2015 年中国城市 MPI

从测算的中国农村历年 MPI 来看，它们有如下显著特点：第一，在不同贫困临界值下，城乡的多维贫困状况均呈现逐年好转的特点，MPI 逐年递减，贫困程度大幅改善。例如，在贫困临界值 K=3 的情形下，农村 MPI 由 1991 年的 0.502 降到 2009 年的 0.206，到 2015 年进一步下降为 0.128；城市 MPI 由 1991 年的 0.271 下降为 2015 年的 0.04。第二，极端贫困状况有所好转。1991—2004 年，一直存在城市家庭在 7 个维度遭受剥夺，2006 年起，这一比例降为 0，2009 年之后，在 5 个维度遭受剥夺的家庭比例也接近 0；农村家庭中，1997 年以后临界值为 7 的 MPI 指数也为 0，2011 年以后 6 个以上维度贫困的家庭也几乎消失。第三，因不同贫困临界值不同，历年 MPI 的稳健性有所差异。贫困临界值较小时，MPI 指数的变化较为稳定；贫困临界值为 2~6 时，历年 MPI 的下降幅度较大；贫困临界值最大的极端贫困中，MPI 甚至存在一定的反复，比如 1991—1997 年城市家庭的 7 维 MPI 为 0，但在 2000 年又略微提高至 0.01。

再将中国农村情况与城市进行对比，可以发现：第一，在不同的贫困临界值下，城市和农村贫困状况的变化趋势类似，MPI 均逐年递减，贫困程度逐渐减弱，极端贫困情况有所好转。考虑贫困临界值 K=3 的情形下，城市的多维贫困指数 MPI 在 1991 年高达 0.271，而在 2015 年仅为 0.04；在贫困临界值 K=6 时，城市的 MPI 由 1991 年的 0.002 下降为 2015 年的 0。第二，无论贫困临界值取多少，农村 MPI 均显著高于城市 MPI，但城乡贫富差距二十年来在逐渐缩小，且在 2000 年以后差距缩小速度尤为显著。以贫困临界值 K=3 为例，城乡 MPI 差距由 1991 年的 0.231 下降为 2015 年的 0.088。

四、基于 CFPS 的中国多维贫困指数测度

相对于 CHNS 数据库来说，CFPS 数据库提供了较新的数据。该数据库包含了 2010、2012、2014、2016、2018 年度的调查数据，调查范围广泛，调查问卷较为新颖，基本覆盖了当今中国社会发展中较为重大的问题。CFPS 数据库的一个特点是调查问卷在年度之间经常有小的变化，如 2016 年没有调查家庭通电、家庭卫生设施和家用设备，2018 年也去掉了家庭调查中儿童死亡的提问，因此 2018 年的 MPI 测算只能包含 3 个维度 5 个指标。考虑到年份之间的可比性，我们分别给出了两个口径的测度结果。口径 1 即表 4-5 所示的 3 个维度 9 个指标的指标体系，口径 2 则去掉了健康维度的儿童死亡和生活水平维度的通电、厕所、家用设备。这里 MPI 的计算采用维度等权后指标等权的方法，设定贫困临界值为 0.3。表 4-5 汇报的是 2010—2014 年我国各省口径 1 下的多维贫困测度结果，表 4-6 给出了 2010—2018 年口径 2 下的 MPI 测算结果。

表 4-5　口径 1 下的 MPI 指数测度结果

地区	2010 年	2012 年	2014 年
全国	0.087	0.051	0.057
北京市	0.013	0.004	0.009
天津市	0.039	0.009	0.019
河北省	0.061	0.028	0.047
山西省	0.069	0.035	0.05
辽宁省	0.052	0.031	0.047
吉林省	0.069	0.034	0.045
黑龙江省	0.047	0.032	0.03
上海市	0.022	0.011	0.011
江苏省	0.038	0.02	0.019
浙江省	0.037	0.012	0.021
安徽省	0.123	0.086	0.074
福建省	0.103	0.065	0.063
江西省	0.158	0.102	0.108
山东省	0.065	0.035	0.056
河南省	0.087	0.04	0.052

表4-5（续）

地区	2010 年	2012 年	2014 年
湖北省	0.035	0.016	0.024
湖南省	0.066	0.044	0.055
广东省	0.093	0.058	0.063
广西壮族自治区	0.153	0.102	0.114
重庆市	0.121	0.044	0.076
四川省	0.163	0.129	0.115
贵州省	0.198	0.116	0.084
云南省	0.142	0.054	0.071
陕西省	0.083	0.061	0.056
甘肃省	0.135	0.079	0.08

表 4-6　口径 2 下的 MPI 指数测度结果

地区	2010 年	2012 年	2014 年	2016 年	2018 年
全国	0.213	0.179	0.177	0.122	0.116
北京市	0.053	0.048	0.042	0.023	0.052
天津市	0.082	0.055	0.087	0.036	0.06
河北省	0.177	0.123	0.147	0.098	0.078
山西省	0.157	0.14	0.152	0.098	0.102
辽宁省	0.166	0.153	0.16	0.124	0.12
吉林省	0.186	0.139	0.16	0.152	0.141
黑龙江省	0.122	0.119	0.113	0.072	0.081
上海市	0.075	0.061	0.055	0.018	0.042
江苏省	0.085	0.09	0.097	0.052	0.055
浙江省	0.121	0.129	0.113	0.043	0.072
安徽省	0.299	0.277	0.254	0.181	0.154
福建省	0.229	0.205	0.193	0.133	0.113
江西省	0.35	0.319	0.327	0.231	0.233
山东省	0.152	0.123	0.156	0.107	0.084
河南省	0.23	0.159	0.166	0.116	0.081
湖北省	0.123	0.092	0.107	0.069	0.086

表4-6(续)

地区	2010 年	2012 年	2014 年	2016 年	2018 年
湖南省	0.186	0.188	0.178	0.124	0.111
广东省	0.249	0.219	0.193	0.118	0.135
广西壮族自治区	0.372	0.298	0.302	0.18	0.179
重庆市	0.261	0.177	0.21	0.142	0.103
四川省	0.315	0.29	0.267	0.191	0.168
贵州省	0.342	0.278	0.219	0.162	0.157
云南省	0.317	0.189	0.228	0.129	0.133
陕西省	0.234	0.166	0.188	0.142	0.13
甘肃省	0.324	0.281	0.255	0.183	0.171

CFPS 数据测度的 MPI 重点考察了我国各地区多维贫困的差异性，根据测度结果，样本所包含的 25 个省份中，多维贫困的水平和变动情况都各有不同。第一，各地区的多维贫困水平存在巨大差异。以口径 2 下 2010 年的测度结果为例，全国的多维贫困指数为 0.213，而贫困水平最低的北京市、上海市多维贫困指数仅为 0.053、0.075，同时多维贫困程度最高的广西、甘肃、贵州等省份，MPI 仍然高于 0.3，贫困程度的差距非常悬殊。第二，各地区多维贫困水平的变动情况有所差异。在口径 1 的测度下，我国整体的 MPI 指数在 2010—2014 年期间得到了显著的下降，在 2014 年又略微回升；分地区来看，黑龙江、安徽、江苏等省份的 MPI 结果在 2010—2014 年期间一直呈现下降趋势，与总体变动情况不同。在口径 2 的测度下，全国整体的 MPI 指数在 2010—2018 年期间呈现缓慢的下降，但是各地区的变化也是不尽相同，存在不同的波动。

从动态变化来看，近年来地区之间多维贫困水平的差距有所减小。口径 1 下 2010 年多维贫困水平最高与最低的地区 MPI 指数差异为 0.185，2012 年和 2014 年这一差异分别为 0.125 和 0.106，可以看到地区间差异的逐渐缩小。口径 2 下 2010 年、2012 年、2014 年、2016 年和 2018 年各地区 MPI 指数的极差分别为 0.319、0.271、0.285、0.213 和 0.191，虽然地区差异性在 2014 年有略微回升，但整体上存在下降的趋势，8 年间地区 MPI 指数的极差下降超过 40%。

第二节 不同加权的多维贫困指数比较分析

在前面部分，我们利用 CHNS 多个年份的数据测度了中国的 MPI，所采用的方法是指标等权法。本节我们主要采用了 CHNS 数据库 2015 年的数据，对几种不同加权方法的测度结果进行比较①。数据的基本分布情况如表 4-7 所示：

表 4-7 各省市样本量数据表

地区	北京	辽宁	黑龙江	上海	江苏	山东
样本量	445	477	479	472	480	478
地区	河南	湖北	湖南	广西	贵州	重庆
样本量	477	491	475	506	501	467

显然，从上表可以看到，总体上样本量较为充分，且各省市之间的样本量分布依然比较均匀，这就保证了最终的测算和比较结果的代表性。

将原始数据进行处理之后，分别计算受教育程度、适龄儿童上学状况、医疗保险、家中通电、卫生设施状况、饮用水、电器资产、住房等指标上的贫困对应的剥夺向量及最终的剥夺矩阵。考虑到 2015 年的问卷，这里采用的指标共有 8 项。

一、不同方法下的权重计算

在这部分主要是基于初始剥夺矩阵数据，计算出各加权方法下获得的权重。我们分别将受教育年限指标、适龄儿童上学、医疗保险、通电情况、卫生设施、饮用水、电器资产、住房指标上的权重分别用 w_1，w_2，…，w_8 依次表示。

1. 指标等权法

指标等权法属于主观赋权，权重设置比较简单。2015 年 CHNS 数据库共设置了 3 个维度 8 个子指标，因此每个指标分配的权重都相等，即 $w_j = \dfrac{1}{8}$，其中 $j = 1$，2，…，8。

---

① 张世君. 多维贫困指数测定中权重设定的比较研究 [D]. 太原：山西财经大学，2017.

2. 维度等权后指标等权

维度等权后指标等权的计算也比较简单。本书共设置了 3 个维度 8 个子指标，因此首先每个维度共分配到 $\frac{1}{3}$ 的权重，然后将每个维度上的权重平均分配给各自维度下的子指标。3 个维度各自的子指标数分别是 2、1、5，则最终权重的分配为 $(w_1, w_2, w_3, w_4, w_5, w_6, w_7, w_8) = \left(\frac{1}{6}, \frac{1}{6}, \frac{1}{3}, \frac{1}{15}, \frac{1}{15}, \frac{1}{15}, \frac{1}{15}, \frac{1}{15} \right)$。

3. 主成分分析法

使用主成分分析方法赋权属于客观赋权法。我们使用 R 统计软件中的 psych 包来完成权重的计算。首先通过 polychoric 函数计算出初始剥夺矩阵的多分格相关系数矩阵，进而将计算得到的相关系数矩阵导入到主成分分析计算当中，进行多分格主成分分析。通过运行得到前三个主成分的因子负荷量如表 4-8 所示：

表 4-8   多分格主成分分析因子负荷量

	教育年限	适龄儿童上学	医疗保险	通电	卫生设施	饮用水	电器资产	住房
PC1	0.71	0.02	0.13	0.60	0.67	0.17	0.77	0.01
PC2	−0.03	−0.02	0.06	−0.01	−0.37	0.01	0.39	0.93
PC3	0.03	0.43	0.86	0.39	−0.05	−0.09	−0.15	0.02

在得到因子负荷量之后，用第一个主成分的因子负荷量的值来给各指标进行权重划分。为了保证权重的最终加总等于 1，再进行一次归一化的处理，则最终的主成分分析的权重设定如表 4-9 所示：

表 4-9   主成分分析方法权重赋值表

	教育年限	适龄儿童上学	医疗保险	通电	卫生设施	饮用水	电器资产	住房
w_j	0.231	0.006	0.042	0.195	0.218	0.055	0.250	0.003

4. 多元对应分析法

利用 Stata 软件，我们对原始的剥夺矩阵数据进行多元对应分析的计算。首先计算出主因子的惯量贡献度如表 4-10 所示：

表4-10　多元对应分析前三个主因子的惯量贡献度

	惯量	贡献度（%）	累计贡献度（%）
第一主因子	0.001 6	62.54	62.54
第二主因子	0.000 1	2.96	65.50
第三主因子	0.000 0	0.11	65.61
总计	0.002 6	100	—

由表4-10可以看出，初始剥夺矩阵通过多元对应分析得出的总惯量为0.001 6，而第一主因子对总惯量的贡献程度为62.54%，第二主因子对总惯量的贡献度为2.96%。第一主因子的总惯量解释程度很高，因此选取第一主因子并分别计算出各指标对第一主因子的惯量的贡献度，最终权重如表4-11所示：

表4-11　多元对应分析权重赋值表

	教育年限	适龄儿童上学	医疗保险	通电	卫生设施	饮用水	电器资产	住房
w_j	0.392	0.001	0.007	0.047	0.389	0.011	0.139	0.014

5. 模糊集法

根据上文中给出的模糊集法计算公式进行权重分配的计算。我们以 w 表示根据公式直接得出的初始权重，以 w^* 表示对初始权重归一化后的权重，表4-12给出了初始权重和归一化后的权重值。

表4-12　模糊集方法权重赋值表

	教育年限	适龄儿童上学	医疗保险	通电	卫生设施	饮用水	电器资产	住房
w_j	1.234	4.038	2.679	5.495	1.379	2.098	4.722	1.905
w_j^*	0.053	0.250	0.106	0.238	0.052	0.133	0.054	0.114

模糊集方法的权重分配实际上是对不同贫困子指标的贫困发生率取对数的绝对值，换言之，贫困发生率越低的指标得到的权重会越高，反之会越低，在这点上与多元对应分析十分类似。因此表4-12中我们可以看出在通电这一指标上的权重是最高的，而教育年限和卫生设施上分配的权重较低。

二、不同加权方法下多维贫困计算及地区排序

上文已经得到了不同加权方法下各维度及其指标的权重赋值情况，接下来我们根据各自不同的权重设置来计算出各地区的多维贫困指数并进行排序。

用初始剥夺矩阵并结合上述各方法下的权重设置，分别计算得到各方法下各省市的多维贫困指数值如表4-13所示：

表4-13　各加权方法下各地区的多维贫困指数

	北京	辽宁	黑龙江	上海	江苏	山东	河南	湖北	湖南	广西	贵州	重庆
全指标等权法	0.038	0.071	0.090	0.024	0.069	0.068	0.096	0.064	0.057	0.048	0.103	0.083
维度等权指标等权	0.040	0.050	0.095	0.033	0.087	0.080	0.093	0.070	0.060	0.058	0.085	0.094
主成分分析	0.032	0.137	0.182	0.030	0.160	0.162	0.202	0.130	0.105	0.084	0.184	0.148
多元对应分析	0.049	0.226	0.311	0.048	0.271	0.278	0.344	0.211	0.172	0.131	0.296	0.239
模糊集方法	0.011	0.016	0.014	0.005	0.009	0.008	0.013	0.018	0.015	0.015	0.031	0.026

由表4-13可以看出，不同的权重最终计算出来的多维贫困值有很大差异，即使都是客观加权方法之间得出的多维贫困指数也有着不小的差别。这表明不同加权方法对最终多维贫困的测度有着直接的影响。

同时，由表4-13还可以看出，虽然在不同权重的设定下各地区多维贫困指数的绝对值都发生了变化，但是地区间多维贫困的相对比较关系还是有一定的规律可循。如不管加权方法是哪一种，江苏的多维贫困一直高于上海，而上海的多维贫困则一直高于北京，其他地区间也存在着类似的比较关系。那么，到底哪种结论比较可靠呢？

在上表的基础上，我们继续计算出各地区间多维贫困从小到大的排序情况，如表4-14所示：

表4-14　各加权方法下地区间的多维贫困排序

	北京	辽宁	黑龙江	上海	江苏	山东	河南	湖北	湖南	广西	贵州	重庆
全指标等权法	2	8	10	1	7	6	11	5	4	3	12	9

表4-14(续)

	北京	辽宁	黑龙江	上海	江苏	山东	河南	湖北	湖南	广西	贵州	重庆
维度等权 指标等权	2	3	12	1	9	7	10	6	5	4	8	11
主成分 分析	2	6	10	1	8	9	12	5	4	3	11	7
多元对应 分析	2	6	11	1	8	9	12	5	4	3	10	7
模糊集 方法	4	9	6	1	3	2	5	10	7	8	12	11

表4-14列出了各种加权方法下得到的多维贫困在地区间的排序结果，排序越靠前，说明多维贫困指数越低，越不贫困。我们可以比较清晰地看到一些规律：在所有方法下上海都排在第一位，因此上海相对于其他地区而言贫困程度最低，北京紧跟上海之后，除模糊集方法外都是排在了第二位。还可以看到贵州、黑龙江、河南等都排在了靠后的位置，多维贫困程度相对较高。

除了在这五种加权方法下排序位置都没有发生变化的几个地区之外，其他地区虽然相对位置发生了变化，但是基本也都处于在某个位次附近变化，变化极端的较少。然而表4-14中这五种加权方法下得到的排序结果只是揭示了一部分现实，我们尽管知道了各地区间的多维贫困存在着相对的比较关系，但是依然不知道这几种方法下的哪一种得到的排序结果最为可靠，因此也依然不知道哪种权重设定更加可取，因此，我们需要借助其他手段获得一个比较稳定的排序结果，将上表中得到的排序结果与之比较，进而得到对这些加权方法之间的比较结果。

三、如何选择权重

通过上述实证分析，可以发现不同权重设置下有不同的结果。对于最贫困和最不贫困的地区来说，排序相对稳定，该排序与其实际贫困程度直接相关，不同权重设定下结果相对稳定。但是对于处在中间位置的地区来说，贫困的排序有所变化。那么如何选择权重？我们曾经考虑使用随机实验结果作为参照，来进行分析。随机实验的思想是采用蒙特卡洛模拟实验方法，做多次的重复随机实验，每次都生成随机权重，然后计算各省的MPI，取最终稳定的结果作为可靠的排序结果。将此排序结果作为一种参照，对不同权重方法下的排序结果与之进行对比。

这种随机实验隐含着这样的思路：尽管是随机赋权，但是权重在经过多次随机实验后，可能会形成一个均匀分布，这样的结果会与指标等权重的结果比较接近。事实上，在经过 1 000 次随机实验后，发现随机实验的排序与指标等权的排序综合差异最小。

定义误差函数 $f(r) = \sum_{i=1}^{12} |r_i - r_i^*|$，其中 r_i 表示在某种加权方法下，第 i 个地区的排序值，而 r_i^* 表示在随机实验结果下第 i 个地区的排序值。则每个地区的排序的误差都是以其偏离随机实验结果下的程度来度量的，将所有地区的排序的误差加总之后就得到了该加权方法下的地区排序结果的总误差，见表 4-15。

表 4-15　各加权方法下排序结果总误差

	全指标等权	维度等权、指标等权	主成分分析	多元对应分析	模糊集方法
总误差	4	20	14	16	32

从表 4-15 可以非常清楚地看到，在这种判断标准下，全指标等权的加权方法反而是总误差最小的，紧跟其后的则是基于多分格相关系数矩阵的主成分分析方法。而其余三种加权方法表现并不好，其各自的排序结果误差较大。

那么，在这么多权重设定方法中，哪一种方法更为可靠？本书认为，权重本身反映的是指标重要程度的差异。但是哪一个指标更重要，有时往往根据主观判断来得更可靠一些。如同在世界性别差异报告中指出的，由于基础教育更重要，因此在两性差异指数构建中，小学教育入学率指标尽管在各国的差异很小，但是给予了比较大的权重。这完全是主观考虑其重要性的结果。

因此，我们认为在多维贫困指数构建中，尽管从方法论上可以考虑采用不同的方法，但是从实际来说，还是应该充分考虑联合国可持续发展目标以及各国发展的实际情况等，来设定权重构成。

第三节　利用模糊集方法对多维贫困进行测度

一、TFR 多维贫困测度指标选择

在使用完全模糊和相对方法（TFR 方法）进行测度时，我们选取了 3 个维度 10 个指标，其中，指标"家庭成员中成年人平均上学时长"为连续变量；指标"家庭做饭燃料"为离散变量，将家庭做饭燃料分为三个等级，较低级别的做饭燃料类型为"柴草"，较高级别的做饭燃料为"煤炭"，最高级别的做饭燃料包括"煤气""天然气""太阳能""电"等清洁能源，如表4-16所示：

表4-16 TFR方法下多维贫困测度指标选择

维度	指标	变量类型	指标说明（贫困认定）
教育	适龄儿童入学	二值变量	家庭中有儿童存在失学
	家庭成员中成年人平均上学时长	连续变量	
健康	家庭成员营养状况	二值变量	家里有成员营养不良
	家中小孩死亡情况	二值变量	家庭中有小孩死亡
生活水准	电	二值变量	家中不通电或经常断电
	卫生设施	二值变量	家庭卫生设施为公厕，包括居室外冲水公厕和居室外非冲水公厕
	饮用水	二值变量	没有洁净的水源
	做饭燃料	离散变量	做饭燃料是煤炭、柴草和木炭、电、煤气、天然气、太阳能
	电器资产	二值变量	家庭缺少一下电器资产中的任意一项即为贫困：车、电视、手机、电动自行车、摩托车、电冰箱

二、基于 TFR 方法的多维贫困测算

根据完全模糊和相对方法（TFR）的具体操作，首先确定所选取变量的类型，再根据相应的 TFR 隶属函数，计算每个家庭在每一指标上的隶属函数值，进而确定每个指标所占权重，最终计算每个家庭的贫困发生概率，计算全国贫困发生率。表4-17 为多维贫困测度所涉及指标的相应隶属函数形式。

表4-17 TFR 方法隶属函数设定

维度	指标	变量类型	隶属函数
教育	适龄儿童入学	二值变量	$x_{ij} = 1,\ \mu(x_{ij}) = 0;\ x_{ij} = 0,\ \mu(x_{ij}) = 1$
	家庭成员中成年人平均上学时长	连续变量	$\dfrac{x_{\max,\,j} - x_{ij}}{x_{\max,\,j} - x_{\min,\,j}}$

表4-17(续)

维度	指标	变量类型	隶属函数
健康	家庭成员营养状况	二值变量	$x_{ij} = 1,\ \mu(x_{ij}) = 0;\ x_{ij} = 0,\ \mu(x_{ij}) = 1$
	家中小孩死亡情况	二值变量	$x_{ij} = 1,\ \mu(x_{ij}) = 0;\ x_{ij} = 0,\ \mu(x_{ij}) = 1$
生活水准	电	二值变量	$x_{ij} = 1,\ \mu(x_{ij}) = 0;\ x_{ij} = 0,\ \mu(x_{ij}) = 1$
	卫生设施	二值变量	$x_{ij} = 1,\ \mu(x_{ij}) = 0;\ x_{ij} = 0,\ \mu(x_{ij}) = 1$
	饮用水	二值变量	$x_{ij} = 1,\ \mu(x_{ij}) = 0;\ x_{ij} = 0,\ \mu(x_{ij}) = 1$
	做饭燃料	离散变量	$\mu_j(x_j^{(l-1)}) + \dfrac{F(x_j^{(l)}) - f(x_j^{(l-1)})}{1 - F(x_j^{(l)})}$
	电器资产	二值变量	$x_{ij} = 1,\ \mu(x_{ij}) = 0;\ x_{ij} = 0,\ \mu(x_{ij}) = 1$

以 2012 年"教育"维度中"家庭成员中成年人平均上学时长"这一指标为例,根据模糊集及相对方法测度连续变量的步骤和公式,由于这一指标的最大值与最小值分别为 20.5 年和 0 年,则每个家庭在这一指标的贫困隶属度为:

$$\mu_{ij} = \frac{20.5 - x_{ij}}{20.5 - 0} \tag{4-1}$$

按照此方法,计算出每个家庭在指标"家庭成员中成年人平均上学时长"上的隶属度。运用不同类型变量的隶属函数,计算相应的隶属函数值,其中,离散变量中涉及的分布函数 F 使用经验分布函数。之后,计算每个指标相应权重,最后计算包含所有维度的总贫困率。整理总结得到表 4-18,包括了 2012 年、2014 年、2016 年、2018 年各个维度各指标的隶属度和权重,以及总贫困率。

TFR 方法的权重设置特点是,根据某一指标全部家庭的拥有情况设置权重,对于大多数家庭都拥有的某一项指标,给予比较高的权重,对于大多数家庭都不拥有的某一项指标赋予比较低的权重。各指标详细权重如表 4-18 所示。

从整体来看,2012 年、2014 年、2016 年、2018 年的贫困率分别为 0.094、0.077、0.075、0.118 5,2012—2016 年的贫困率有所下降,且各指标贫困率也均有不同程度的下降,这说明从多维贫困来看,我国的贫困有所缓解。但 2018 年稍有反弹,特别是"教育"维度的"家庭成员中成年人平均上学时长"指标贫困率出现了明显上升,值得关注。

表 4-18　各年指标权重及全国贫困发生率

维度	指标	年份	TFR	TFR 权重
教育	适龄儿童入学	2012	0.018 6	0.185 9
		2014	0.011 6	0.185 3
		2016	0.033 5	0.212 6
		2018	0.016 9	0.390 5
	家庭成员中成年人平均上学时长	2012	0.651 5	0.020 0
		2014	0.512 8	0.027 7
		2016	0.408 4	0.056 0
		2018	0.663 7	0.039 3
健康	家庭成员营养状况	2012	0.344 1	0.049 8
		2014	0.305 6	0.049 2
		2016	0.484 8	0.045 3
		2018	0.205 1	0.151 7
	家中小孩死亡情况	2012	0.039 1	0.151 1
		2014	0.033 8	0.140 7
		2016	0.001 6	0.403 9
		2018	—	—
生活水准	电	2012	0.038 5	0.151 8
		2014	0.022 0	0.158 6
		2016	—	—
		2018	—	—
	卫生设施	2012	0.104 2	0.105 4
		2014	0.051 7	0.123 0
		2016	—	—
		2018	—	—
	饮用水	2012	0.034 5	0.157 0
		2014	0.060 7	0.116 4
		2016	0.046 5	0.192 1
		2018	0.053 6	0.280 2

表4-18(续)

维度	指标	年份	TFR	TFR 权重
生活水准	做饭燃料	2012	0.425 3	0.039 9
		2014	0.298 6	0.050 2
		2016	0.237 3	0.090 0
		2018	0.235 7	0.138 4
	电器资产	2012	0.050 6	0.139 1
		2014	0.027 8	0.148 9
		2016	—	—
		2018	—	—
全国贫困率		2012	0.094 0	
		2014	0.077 3	
		2016	0.075 0	
		2018	0.118 5	

三、分地区分城乡多维贫困测度

（一）分地区多维贫困测度

对经过 TFR 方法测度的我国多维贫困发生率进行进一步的分析发现，随着我国扶贫工作的深入化和精准化，全国各地区的贫困发生率均不断降低。2012—2014 年，各地区贫困发生率下降相对较快，而 2014—2016 年贫困发生率降低缓慢，2016—2018 年贫困率稍有回升。同时应该看到，四个地区中，西部地区的贫困发生率在四个年份均为四个地区之最，且差距明显，东北部地区的贫困率始终为四个地区中最低，如表 4-19 所示。

从各地区的多维贫困各指标来看，2012—2018 年，我国各地区各指标贫困率均有不同程度的下降。值得注意的是，2018 年，"家庭成员中成年人平均上学时长"指标贫困率显著上升。除个别指标外，2012 年、2014 年、2016 年、2018 年所有指标贫困率最高的地区均为西部地区，2012 年"电器资产"指标贫困率最高的地区是东北部地区，2014 年"电器资产"指标贫困率最高的地区是东部地区，2016 年"适龄儿童入学"指标贫困率最高的地区是东北部地区。除个别指标外，东北部地区的贫困率指标均为四个地区中最低。如表4-20 至表 4-23 所示。

表 4-19　各年分地区贫困发生率

	各年分地区贫困率			
	2012 年	2014 年	2016 年	2018 年
东部地区	0.072 5	0.061 6	0.060 1	0.095 2
中部地区	0.087 1	0.071 5	0.062 6	0.109 8
西部地区	0.149 1	0.116 1	0.102 5	0.169 7
东北部地区	0.065 4	0.048 3	0.046 1	0.088 7

表 4-20　2012 年分维度分地区贫困率

维度	指标	东部	中部	西部	东北部
教育	适龄儿童入学	0.012 8	0.015 0	0.035 2	0.008 3
	家庭成员中成年人平均上学时长	0.631 3	0.635 6	0.712 4	0.615 0
健康	家庭成员营养状况	0.294 7	0.359 9	0.484 2	0.188 8
	家中小孩死亡情况	0.034 6	0.040 3	0.049 4	0.029 8
生活水准	电	0.029 5	0.042 9	0.058 7	0.017 1
	卫生设施	0.094 5	0.083 6	0.164 5	0.055 1
	饮用水	0.009 7	0.021 1	0.095 6	0.004 4
	做饭燃料	0.271 6	0.394 2	0.665 5	0.424 2
	电器资产	0.039 9	0.035 5	0.066 0	0.070 2
贫困率		0.072 5	0.087 1	0.149 1	0.065 4

表 4-21　2014 年分地区贫困率

维度	指标	东部	中部	西部	东北部
教育	适龄儿童入学	0.008 6	0.009 6	0.021 7	0.002 0
	家庭成员中成年人平均上学时长	0.481 7	0.488 1	0.577 5	0.496 1
健康	家庭成员营养状况	0.257 3	0.349 3	0.404 3	0.152 1
	家中小孩死亡情况	0.025 7	0.038 4	0.039 3	0.034 5

表4-21（续）

维度	指标	东部	中部	西部	东北部
生活水准	电	0.016 3	0.021 6	0.037 2	0.006 1
	卫生设施	0.042 0	0.026 4	0.104 4	0.014 2
	饮用水	0.036 0	0.042 0	0.137 5	0
	做饭燃料	0.173 1	0.262 9	0.478 7	0.302 0
	电器资产	0.033 4	0.021 6	0.029 0	0.022 3
贫困率		0.061 6	0.071 5	0.116 1	0.048 3

表4-22　2016年分地区各指标贫困率

维度	指标	东部	中部	西部	东北部
教育	适龄儿童入学	0.019 4	0.005 1	0.015 4	0.031 3
	家庭成员中成年人平均上学时长	0.364 6	0.384 2	0.481 5	0.310 1
健康	家庭成员营养状况	0.378 6	0.359 0	0.425 6	0.171 9
	家中小孩死亡情况	—	—	—	—
生活水准	电				
	卫生设施				
	饮用水	0.024 3	0.020 5	0.066 7	0
	做饭燃料	0.102 5	0.185 4	0.364 3	0.158 9
	电器资产	—	—	—	—
贫困率		0.060 1	0.062 6	0.102 5	0.046 1

表4-23　2018年分地区各指标贫困率

维度	指标	东部	中部	西部	东北部
教育	适龄儿童入学	0.016 7	0.015 7	0.021 4	0.011 4
	家庭成员中成年人平均上学时长	0.635 6	0.658 0	0.718 3	0.634 4
健康	家庭成员营养状况	0.177 7	0.206 7	0.282 6	0.119 7
	家中小孩死亡情况	—	—	—	—

表4-23(续)

维度	指标	东部	中部	西部	东北部
生活水准	电	—	—	—	—
	卫生设施	—	—	—	—
	饮用水	0.044 7	0.047 3	0.095 7	0.004 1
	做饭燃料	0.134 9	0.196 4	0.368 9	0.275 9
	电器资产	—	—	—	—
贫困率		0.095 2	0.109 8	0.169 7	0.088 7

（二）城乡多维贫困测度

同 2012—2016 年全国贫困率与各地区贫困率变化一致，城市和乡村的各指标贫困率也都经历了不同程度的降低，城乡的贫困率也经历了不同程度的下降。城乡之间的差距依然存在，这一差距在不断缩小，但是 2018 年贫困率有所上升。"教育"维度中的"家庭成员中成年人平均上学时长"指标贫困率升高明显，另外，城镇、乡村的贫困率分别为 0.078 9、0.163 1，城乡之间的贫困率差距再次拉大。详细见表 4-24 到表 4-28。

表 4-24　各年分城乡贫困发生率

	2012 年	2014 年	2016 年	2018 年
城市	0.058 0	0.051 9	0.050 2	0.078 9
乡村	0.123 4	0.104 3	0.101 9	0.163 1

表 4-25　2012 年度分城乡各维度贫困率

维度	指标	城市	乡村
教育	适龄儿童入学	0.010 7	0.024 8
	家庭成员中成年人平均上学时长	0.578 4	0.710 0
健康	家庭成员营养状况	0.261 5	0.411 6
	家中小孩死亡情况	0.029 0	0.047 0

表4-25（续）

维度	指标	城市	乡村
生活水准	电	0.028 8	0.046 9
	卫生设施	0.081 4	0.122 1
	饮用水	0.009 2	0.055 5
	做饭燃料	0.175 7	0.627 5
	电器资产	0.031 3	0.065 6
	贫困率	0.058 0	0.123 4

表4-26　2014年度分城乡各维度贫困率

维度	指标	城市	乡村
教育	适龄儿童入学	0.006 4	0.018 0
	家庭成员中成年人平均上学时长	0.464 7	0.576 3
健康	家庭成员营养状况	0.249 9	0.366 0
	家中小孩死亡情况	0.025 7	0.043 4
生活水准	电	0.011 7	0.033 5
	卫生设施	0.036 2	0.065 1
	饮用水	0.019 3	0.104 2
	做饭燃料	0.127 7	0.480 7
	电器资产	0.024 5	0.030 4
	贫困率	0.051 9	0.104 3

表4-27　2016年度分城乡各指标贫困率

维度	指标	城市	乡村
教育	适龄儿童入学	0.016 3	0.014 5
	家庭成员中成年人平均上学时长	0.345 1	0.477 9
健康	家庭成员营养状况	0.331 5	0.409 4
	家中小孩死亡情况	—	—

表4-27(续)

维度	指标	城市	乡村
生活水准	电	—	—
	卫生设施	—	—
	饮用水	0.013 6	0.061 6
	做饭燃料	0.086 9	0.374 8
	电器资产		
贫困率		0.050 2	0.101 9

表4-28　2018年度分城乡各指标贫困率

维度	指标	城市	乡村
教育	适龄儿童入学	0.012 1	0.022 3
	家庭成员中成年人平均上学时长	0.599 4	0.739 0
健康	家庭成员营养状况	0.175 2	0.239 3
	家中小孩死亡情况	—	—
生活水准	电	—	—
	卫生设施	—	—
	饮用水	0.022 7	0.088 4
	做饭燃料	0.095 1	0.393 0
	电器资产	—	—
贫困率		0.078 9	0.163 1

第四节　本章小结

本章小节主要内容包括两部分：第一部分是本章内容小结，第二部分是相关软件操作小结。

一、本章内容小结

根据联合国千年发展纲要和调查数据的可获得性，本章基于 CFPS 和

CHNS 调查数据对中国多维贫困水平进行了实际测度，并讨论了不同的权重下多维贫困测度结果的比较。本章的主要结论如下：

（1）我国 MPI 的测度结果

根据联合国千年发展纲要的要求以及联合国 MPI 指数的设计，我们首先针对 CHNS 和 CFPS 数据库构建了我国城乡多维贫困测度的指标体系，从教育、健康和生活水平 3 个维度进行多维贫困的测算。

基于 CHNS 数据对我国 1991—2015 年城乡多维贫困指数的测度可以看到：①在不同的贫困临界值之下，我国城乡的 MPI 都呈现逐年递减的趋势；②极端贫困的状况有所好转，到 2015 年，城乡的 6 维贫困都为 0；③因不同贫困临界值不同，历年 MPI 的稳健性有所差异；④无论贫困临界值取多少，农村 MPI 均显著高于城市 MPI，但城乡贫富差距在二十年来逐渐缩小，且在 2000 年以后差距缩小速度尤为显著。

基于 CFPS 数据的 MPI 测算主要对比了近年来全国各省、市、自治区的多维贫困水平，测度结果发现：①各地区的多维贫困水平存在较大差异，贫困程度的差距非常悬殊；②各地区多维贫困水平的变动情况有所不同，与全国整体的变动趋势也不尽相同；③近年来地区之间多维贫困水平的差距有所减小。

模糊集方法的测算也是基于 CFPS 数据，选取的 9 个指标中设定教育维度的家庭成员平均上学时长为连续变量，生活水平维度的做饭燃料为离散变量，其余均为二值变量，根据每个变量的 TFR 隶属函数计算家庭在每一指标上的隶属函数值，进而确定指标的权重，对每个家庭的多维贫困发生概率进行计算，最后得到全国的多维贫困水平。从整体来看，2012—2016 年我国的多维贫困有所缓解，但 2018 年稍有反弹，特别是"教育"维度的"家庭成员中成年人平均上学时长"指标贫困率出现了明显上升，值得关注。分地区的测度发现全国各地区的贫困发生率均不断降低，城乡的多维贫困水平也经历了不同程度的下降，城乡之间的差距不断缩小。

（2）MPI 指标权重选择

本章以 CHNS2015 的数据为例，对比了 MPI 指数不同加权方法的测算结果，包括指标等权法、维度等权后指标等权法、主成分赋权法、多元对应分析法和模糊集方法。测度结果发现不同的权重最终计算出来的多维贫困值有很大差异，但是地区间多维贫困的相对比较关系还是比较稳定的，比如在所有方法下上海都排在第一位，北京紧随其后，多维贫困程度最低，而贵州等省份则在这五种加权方法下都是处于靠后的位置，即相对来讲最贫困。同时，我们也注意到对应中间位置的地区来讲，不同赋权方法下多维贫困的排序结果是存在一定差异的。为了选择最恰当的赋权方法，我们考虑使用随机实验结果作为参照，即采用蒙特卡洛模拟实验方法，做多次的重复随机实验，每次都生成随机权重，然后计算各省的 MPI，取最终稳定的结果作为可靠的排序结果。在这种判断标准下，全指标等权的加权方法反而是总误差最小的。我们认为在多维贫困指数构建中，尽管从方法论上可以考虑采用不同的方法，但是从实际来说，对指标重要性的主观判断反而更可靠，实际测度中还是应该充分考虑联合国可持续发展目标等来设定权重构成。

二、相关软件操作小结

尽管在前面的章节里，我们都是利用 Stata 按照自己编写的 DO 文件进行贫困的测度和分析，同时也采用了 R、PYTHON 软件进行了随机数的模拟分析。但是在最近的研究中，发现有些软件包提供了较为简单的操作，直接可以得出结果。本节进行简单介绍，以方便相关研究人员的相关研究，也为多维贫困提供一些操作支持。

（一）世界银行贫困测度工具 PovCalNet

PovCalNet 是一个全球贫困的在线统计分析软件，是世界银行提供的丰富的关于贫困测度及分析的资料及软件，链接如下：

http：//iresearch.worldbank.org/PovcalNet/home.aspx。

以对中国的贫困及不平等分析为例，网页链接如下：

http：//povertydata.worldbank.org/poverty/country/CHN。

输入国别，就可以给出关于中国的收入、不同贫困标准下的贫困率、贫困人口数及不平等变化趋势等，如图 4-3 到图 4-6。

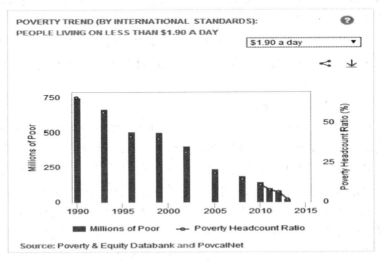

图 4-3　贫困变化趋势（一）

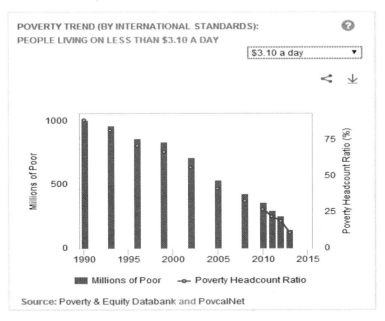

图 4-4 贫困变化趋势（二）

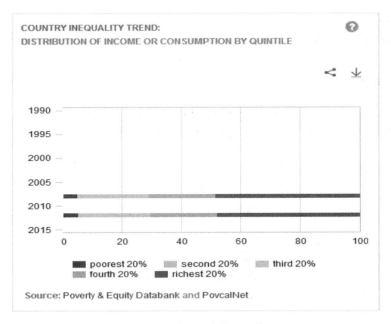

图 4-5 收入分布的不平等

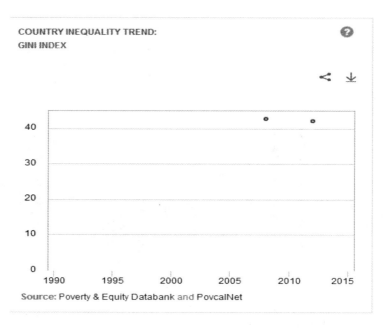

图 4-6　基尼系数

（二）DASP 分析包

DASP（distributive analysis stata package）软件包提供了丰富的计算各种不平等、一维贫困与多维贫困的工具。DASP 软件下一维和多维贫困分析工具如表 4-29 所示：

表 4-29　DASP 软件中一维和多维分析工具

主要分析领域	主要命令
一维贫困	
FGT 和 EDE-FGT 指数	Ifgt（difgt）
Watts	iwatts
SST 指数	Isst
多维贫困	
Bourguignon and Chakravarty（2003）[①] index（imdp_cmr）	dbImdp_cmr
Extended Watts index	dbimdp_ewi

①　BOURGUIGNON F, CHAKRAVARTY S R. The measurement of multidimensional poverty [J]. The Journal of Economic Inequality, 2003, 1(1)：25-49.

表4-29（续）

主要分析领域	主要命令
Multiplicative extended FGT index	dbimdp_mfi
Tsui（1995）[1] index	dbimdp_twu
Intersection headcount index	dbimdp_ihi
Union headcount index	dbimdp_uni
Bourguignon and Chakravarty bi-dimensional（2003）[2] index	db imdp_bci
Alkire and Foster（2011）[3] index	dbimdp_afi

（三）DASP 软件包中 AF 的计算

用命令 db imdp_afi 调出计算 AF 贫困指数界面如图4-7。

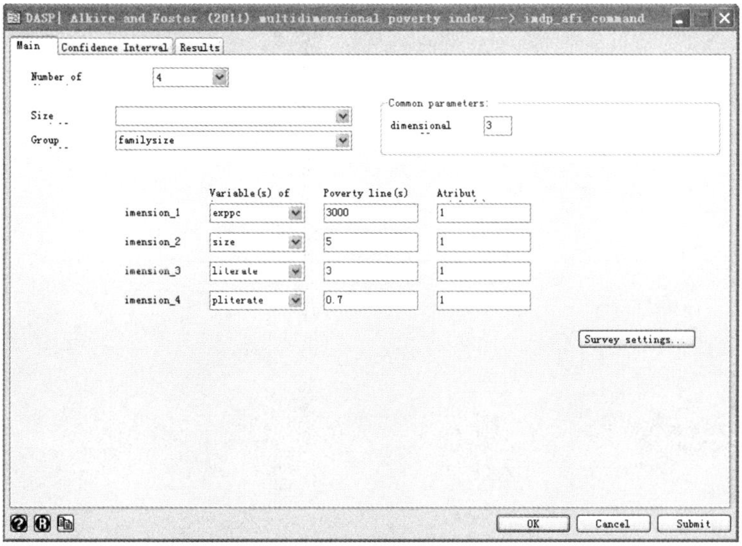

图4-7　DASP 软件包 AF 计算

1. Main 选项卡

Number of：设置维数 d。

---

①　TSUI K. Multidimensional generalizations of the relative and absolute inequality indices：The Atkinson-Kolm-Sen approach[J]. Journal of Economic Theory, 1995, 67(1)：251-265.

②　BOURGUIGNON F, CHAKRAVARTY S R. The measurement of multidimensional poverty[J]. The Journal of Economic Inequality, 2003, 1(1)：25-49.

③　ALKIRE S, FOSTER J. Designing the inequality-adjusted human development index（HDI）[R]. Oxford：OPHI working paper No. 37, 2011.

Size：为 hsize 变量，对观测个体进行加权，如果使用的是家庭数据，此处选择 household size 对样本数据进行加权。

Group：为人口分群变量，选择相应变量后计算结果输出人口子群分解结果，包括子群的贫困指数及相应的贡献率。计算结果默认输出维度分解结果。

Dimensional：设置临界值 k，$c_i \geq k$ 的个体被识别为贫困。

Dimension1-4：各维度的变量选择。

Poverty lines：设定各维度剥夺线或剥夺临界值。

Atribut：设置各维度的权重 w_j。

Confidence interval 选项卡：对假设检验的置信度和置信区间进行设置。

2. Results 选项卡

设置计算结果的小数位数。

第五章 基于分层模型的
减贫效应评价

第一节 常用的政策效应评价方法

一、一维及多维扶贫政策及实践

所谓一维扶贫政策，主要指扶贫目标是以增加收入为直接目标，总体来看可以分为直接扶贫和间接扶贫。直接扶贫包括直接现金转移支付等手段，间接扶贫包括通过产业扶贫、金融扶贫、教育扶贫、食物扶贫、异地搬迁扶贫、健康扶贫、生态保护扶贫等手段进行的扶贫，最终以提高收入为目标。扶贫对象相对于多维贫困来说更具体。

对于特别困难、各方面条件特别差的地区，直接扶贫具有效率较高、效果较好的特点。但是直接扶贫也有其弊端，即被扶贫对象容易养成依赖的特点，容易形成养懒人的扶贫弊端。西南财经大学探索了扶贫新模式，即"劳动收入奖励计划"。这种扶贫奖励计划可理解为直接扶贫，主要是针对具有劳动能力的贫困家庭采取"以奖代补"的方式，将其劳动所得按照一定比例给予现金奖励，鼓励贫困家庭通过增加劳动供给来增加家庭收入。具体实施中，以贫困户的生产、劳动收入为依据，准确地计算农村群众的真实收入，力争做到扶真贫、脱真贫、真脱贫。这种扶贫也可理解为"思想扶贫"。

间接扶贫则包括产业扶贫、金融扶贫、教育扶贫、食物扶贫、健康扶贫等政策，带动人们增加收入。教育扶贫作为一种通过增加人力资本间接扶贫的重要方式，已经得到了广泛的认可。穷人的贫困，包括他们的孩子，迫切需要支持，每个孩子都必须获得健康成长和接受教育的机会。这种生产性投资将有助于消除贫困。

教育扶贫是防止代际贫困的重要手段，这一点已经被世界各国所认可，如在经济发达的美国，犹他州也力图解决代际贫困问题，以避免贫困循环。美国犹他州代际福利改革委员会发布了修订后的 5~10 年计划，以求解决代际贫困问题。该计划希望通过关注儿童早期发展、教育、家庭经济稳定和健康这四大重点领域，在全社会的共同参与和努力下，帮助犹他州的儿童摆脱贫困循环。

西南财经大学还提出了"扶志"项目，为"青少年教育促进计划"。这个项目的基本思路是针对教育目标的一项有条件的转移支付，通过对达到预先设定目标的学生和老师给予一定现金奖励，激励教师加大对学生的教育重视程度。

产业扶贫是通过发展产业来间接扶贫。产业扶贫需要发展适合当地的产业，同时要积极发挥龙头企业带动贫困户的优势，此外还应该探索大户带动、集体经济带动、政策带动、新型产业和技术带动等模式。

随着经济发展水平的提高，近年来又提出了绿色减贫机制创新发展。绿色扶贫是精准扶贫战略实施以来，各地因地制宜，结合地区的发展特点，提出的创新扶贫模式。方式之一是易地搬迁扶贫。2016 年实现了易地扶贫搬迁人口超过 240 万，接近于 2001—2010 年搬迁的 286 万余人。方式之二是光伏扶贫。从全国总体来看，光伏扶贫是绿色减贫新途径。方式之三是旅游扶贫。旅游扶贫是连接生态保护与减贫的有效桥梁，是绿色减贫创新的最有效途径。国务院扶贫办与国家旅游局合作，启动贫困村旅游扶贫工程。方式之四是资产收益扶贫。资产收益扶贫机制目的在于把细碎、分散、沉睡的各种资源要素转化为资产，整合到优势产业平台上，扩展贫困人口生产生存空间，让其享受到优质资源，实现脱贫致富。例如贵州六盘水的资产收益机制探索了"三变机制"，即"资金变股金""资源变股权""农民变股民"。

在多维贫困框架下，扶贫政策的关注点应该更关注公共产品和公共服务的提供，以提高贫困人口的能力为目标。在多维贫困框架下，有些维度如符合标准的饮用水、通电、卫生设施等都广泛依赖于一个地区公共产品供给的数量和质量。因此，在多维框架下扶贫政策的关注重心应该有所不同，所制定的政策也不同于为提升收入而制定的政策。

从国际来看，随着多维贫困理念的深入，各个国家在测度贫困和扶贫政策制定中越来越多地考虑了多维贫困。如 2011 年哥伦比亚新总统上台之后，其将减贫作为一个工作重点，国家战略"联合起来战胜贫困（UNIDOS）"是目前哥伦比亚减贫的主要战略，预算包括大约 150 万家庭（500 万人口）。此战略旨在提高预算中家庭的收入获得能力和居民生活质量。其中，他采用了 MPI

来测度和分析贫困。墨西哥 MPI 是由社会独立评估委员会（CONEVAL）设计，于 2009 年 12 月 10 日开始，这是第一个在家庭层面度量全面贫困的国家贫困测量。墨西哥的 MPI 选取了如下几个维度：教育差距、医疗保健、社会保障、家庭基本服务、生活空间质量、食物、人均现有收入、社会凝聚力等，社会凝聚力的指标包括经济不平等、社会极化、社会网络、收入比方面。

那么如何评价不同政策的减贫效应？本节先介绍常用的一些政策效应评价方法，包括倾向值匹配法、双重差分法、断点回归设计法，这些方法也被称为因果识别方法；然后指出分层模型法也可以应用于分析减贫政策的效应，并利用分层模型对教育和转移支付的减贫效应进行分析。

二、常用的政策效应评价方法

（一）倾向值匹配法

倾向值匹配法可以用于截面数据来进行因果分析和政策评价。"随机试验"是因果分析中的黄金法则，只有基于纯随机试验，才能准确进行因果分析。费希尔提出的"纯随机"主张"什么都不控制"，即纯随机能自动平衡所有能观测和不能观测的干扰因素。但是在社会科学领域想要进行随机试验是几乎无法做到的，不仅仅是因为有些社会实验无法进行，更多的原因在于社会环境中各种因素错综复杂相互影响，相互加成或削弱，想要做到真正的纯随机分配是不可能的。那么在计算某政策效应时，就会因为处理组与控制组的个体不是随机分配而产生选择性偏差。一个著名的例子是评估吸烟与致癌率的因果关系。癌症的发生并不仅仅是由于吸烟而产生，个体的工作环境、年龄、教育水平等都可能成为影响癌症发生率的原因。如果由吸烟人群组成的处理组与不吸烟人群组成的控制组在以上这些因素上分布不同，就会影响最后的因果关系推测：如癌症发生率高到底是由吸烟引起还是由于处理组个体年龄整体偏大引起？而研究者也并不能采用随机试验的方法。事实上这个领域的许多研究都是采用倾向值分析或类似的方法。

倾向值匹配法由美国宾夕法尼亚大学沃顿商学院著名统计学教授 Paul Rosenbaum 及哈佛大学著名统计学教授 Donald Rubin 创立。倾向值即给定观测协变量向量的情况下观测案例被分配到某一特定干预的条件概率。给定协变量向量 X_i 的情况下，倾向值被定义为：

$$e(X_i) = pr(D_i = 1 \mid X_i = x_i) \qquad (5-1)$$

倾向值即是个体 i 被分配到干预组（$D_i = 1$）的条件概率。协变量向量 X 可以包括许多变量，因此倾向值是一个综合了所有协变量信息的值。

在得到倾向得分之后，可以通过倾向得分的匹配进行样本选择，使得匹配之后的样本为随机分组的样本。这样就可以针对随机分组的样本进行多种分析，如计量分析、生存分析等。

倾向值分析方法相较于普通最小二乘法、分层法等能够精确匹配样本方法的优势就在于：在需要控制的变量较多，或者单个变量存在较多变异的情况下，倾向值分析可以达到降维的目的，将多个维度简化为一个维度进行匹配，并最大化的保留样本。

虽然倾向值是一个综合性的指标，但 Rosenbaum 和 Rubin 已经证明倾向值这个单一指标足以平衡干预组和控制组之间在各个协变量上可以观察到的细微差异。倾向值的几点性质可概括为如下：第一，倾向值会平衡干预组和控制组的样本差异；第二，给定倾向值，干预分配和观测协变量有条件的相互独立；第三，$E[E(Y_1, | e(x_i), D_i = 1) - E(Y_0, | e(x_i), D_i = 0)] = E[Y_1 - Y_0 | e(x_i)]$。

通过倾向值匹配之后的两组样本可以被认为是达到了一种随机分组的效果，因此可以使用基于随机分配的因果推断方法进行研究。

（二）断点回归设计法

断点回归设计是微观计量研究中运用最广泛的方法之一，因其更接近于随机试验，因而从理论上讲是更好的因果识别和政策评价方法。该方法的基本原理是：政策规则不连续的特征使得当驱动变量达到某一阈值（间断点）时，经济个体就会受到处置或干预；此时，只要驱动变量不完全受经济个体控制，则因变量的跳跃变动就可认为是由处置状态引起的。在间断点处被处置概率是跳跃变化的，如果影响因变量的其他因素并无跳跃，就可利用因变量在间断点两侧的极限值之差来识别处置效应。

断点回归设计按照在断点处个体得到处理效应概率的变化特征可以分为两种类型：一种类型是精确断点回归设计（sharp regression discontinuity design，后面简称 SRD），其特征是在断点（也就是上面所说的临界点）$X = c$ 处，个体接受政策干预的概率从 0 跳跃到 1；另一种是模糊断点回归设计（fuzzy regression discontinuity，后面简称 FRD），其特征是在断点 $X = c$ 处，个体接受政策干预的概率从 a 变为 b，其中 $a \neq b$。

1. 精确断点回归设计（SRD）

假设虚拟变量 D 表示个体是否接受了政策干预，则

$$D_i = 1\{X_i \geq c\}，并且 D_i = 0\{X_i < c\} \tag{5-2}$$

式（5-2）表示当个体的分组变量取值大于或等于临界值 c 时，个体强制获得政策干预即处理效应，而当分组变量小于 c 时，个体则强制进入控制组，

即不能获得政策干预。变量 D 也被称作处理变量。对于位于断点两侧的个体应满足式（5-3）：

$$\lim_{x \to c^+} E(D_i \mid X_i = X) = 1, \ \lim_{x \to c^-} E(D_i \mid X_i = X) = 0 \qquad (5-3)$$

这意味着式（5-4）成立：

$$\lim_{x \to c^+} E(D_i \mid X_i = X) - \lim_{x \to c^-} E(D_i \mid X_i = X) = 1 \qquad (5-4)$$

因此，在精确断点回归设计情形下，可以通过估计在断点处的平均处理效应来测算政策干预对于结果变量的影响程度，如式（5-5）：

$$\tau_{SRD} = \lim_{x \to c^+} E(Y_i \mid X_i = X) - \lim_{x \to c^-} E(Y_i \mid X_i = X)$$
$$= E(Y_i(1) - Y_i(0)) \mid X_i = c) \qquad (5-5)$$

在式（5-5）中，Y_i 表示结果变量，τ_{SRD} 即表示精确断点回归设计情形下的平均处理效应。

2. 模糊断点回归设计（FRD）

在模糊断点回归设计情形下，个体在断点处接受政策干预的概率不需要从 0 跳跃到 1，只需要有一个小的跳跃即可，即满足式（5-6）：

$$0 < \left| \lim_{x \to c^+} E(D_i \mid X_i = X) - \lim_{x \to c^-} E(D_i \mid X_i = X) \right| < 1 \qquad (5-6)$$

此时，个体的平均处理效应如式（5-7）：

$$\tau_{SRD} = \frac{\lim_{x \to c^+} E(Y_i \mid X_i = X) - \lim_{x \to c^-} E(Y_i \mid X_i = X)}{\lim_{x \to c^+} E(D_i \mid X_i = X) - \lim_{x \to c^-} E(D_i \mid X_i = X)} \qquad (5-7)$$

式（5-7）中，分子就是精确断点回归设计的平均处理效应，而分母为个体获得政策干预的概率在断点 c 处的跳跃。因此，对于该式的分子，可用精确断点回归设计的估计方法来估计分子；对于分母，形式上与分子一致，也可用精确断点回归设计来估计，只要将结果变量 Y 替换为处理变量 D 即可。

（三）双重差分法

双重差分法（difference-in-differences）即为 DID 法，是一种因果推断方法，多用于计量经济学中对于公共政策或项目实施效果的定量评估。其思路也是基于一个反事实的框架来评估某一指标在政策发生和不发生这两种情况下的变化。该方法主要用来评价一项政策带来的净影响，其核心是将公共政策视为自然实验，此类实验的不同组间样本在政策实施前可能存在事前差异，而 DID 方法正是基于自然实验得到的数据，通过建模有效控制研究对象间的事前差异，将政策影响的真正结果有效分离出来。即实验对象的选取是外生给定的，将全部样本分为两组——受政策干预的处理组和未受政策干预的对照组，且在政策冲击前，处理组和对照组的被观测因素没有显著差异，那么我们就可以将对照组的某一指标在政策前后发生的变化看作处理组未受政策干预时的状况（反事实的结果）。通过比较处理组以及对照组某一指标的变化，我们就可以得到政策冲击的实际效果。

双重差分法一般是利用面板数据来进行分析，在两期数据的情况下，其模型设定为如下形式：

$$Y_{it} = \beta_0 + \beta_1 D_i + \beta_2 T_t + \delta D_i T_{it} + \mu_{it} \qquad (5-8)$$

其中，Y_{it} 为被解释变量；D_i 为虚拟变量，如果样本属于处理组为1，属于对照组为0；T_t 是时间虚拟变量，在政策实施前为0，在政策实施后为1。此时，交叉乘积项 $D_i T_{it}$ 前面的交互项系数 δ 就是倍差估计量，衡量的就是政策净效应。

三、基于分层模型评价减贫效应的基本思路

本章着重从教育和转移支付两个角度来分析和评价对一维贫困和多维贫困的减贫效应。我们将教育学、社会学中常用的分层模型引入进来，来分析相关政策的减贫效应。

基本思路是首先给出多维和一维标准下贫困的识别和界定标准，进而在两种标准下对每一个家庭定义其是否贫困；在此基础上，根据相应的理论，充分考虑影响一个家庭贫困的因素，重点考察在控制了其他因素的条件下，教育和转移支付改善贫困的效应；最后，更进一步通过分层模型，将宏观经济变量作为层2因素引入模型，来考察教育或者转移支付对贫困的改善效应是否与所在地区的宏观经济变量相关，尤其是考察多维贫困的改善效应与地区层面的联系。

由于个体层面的回归使用较为广泛，这里重点阐述分层模型。分层模型为研究具有嵌套结构的数据提供了一个方便的分析框架，可以利用该框架系统分析宏观情境如何影响微观效应。应用到本节中，我们采用两层的分层模型，层1的分析是在个体层面，观察影响贫困的因素以及控制了其他因素后，教育或者转移支付对贫困的改善效应；层2则主要考虑教育或者转移支付改善贫困的效应是否受地区宏观经济变量的影响。与同质性模型相比，分层模型的最大特点是能反映层2因素对层1关键效应的影响，层1的效应不再是同质的。这里我们给出一般化的分层模型表述，式（5-9）中的关键影响因素或者研究者重点关注的因素记为 X，其余变量用 Z 概括表示。

$$Y_{ij} = \beta_{0j} + \beta_{1j} X + \beta_{2j} Z + \varepsilon_{ij} \qquad (5-9)$$

$$\begin{cases} \beta_{0j} = \gamma_{00} + \gamma_{01}w_j + u_{0j} \\ \beta_{1j} = \gamma_{10} + \gamma_{11}w_j + u_{1j} \\ \beta_{2j} = \gamma_{20} + \gamma_{21}w_j + u_{2j} \end{cases} \qquad (5\text{-}10)$$

式（5-9）表示层 1 模型，式（5-10）表示层 2 模型，w_j 表示宏观影响因素。层 1 中的所有 β 可以是随机变动的，也可以设定其不随机变动。在随机变动的情形中，可以设定其仅受随机性因素的影响，也可以设定其受层 2 因素的系统性影响。层 2 模型中变量设定可以根据研究者的需求进行设置。在分层模型中，想要得到层 2 因素对 X 的结构性影响，一般重点关注 γ_{11} 这个系数，它表示了当层 2 因素 w_j 变动一单位时，关键变量 X 对相应 Y 的影响效应变动程度，γ_{11} 相当于在因变量 Y 和层 2 因素之间搭建了桥梁，如果该系数显著，则说明在统计意义上层 2 因素会影响 X 对 Y 的效应。基于上述一般化的分层模型，本节层 1 模型采用 LOGIT 模型，即因变量是二分变量：1 表示贫困，0 表示不贫困。

第二节　一维与多维视角下的教育减贫效应评价

一、教育减贫的研究价值

通常我们认为，一个家庭陷入贫困的原因可能有多种，既可能有家庭层面的因素，也可能受所处环境的影响。一般来说家庭成员平均受教育程度越高，越有可能脱离贫困。家庭成员所从事的职业、家庭人口规模等因素都是家庭贫困的致贫因素。同时更宏观层面的因素，如一个家庭所处地区的经济发展程度、所处地区政府的公共服务能力、所在地区的平均受教育程度等因素也可能对家庭贫困产生影响。

教育作为增加收入和改善贫困的重要渠道，在理论和实践中已经得到了广泛认同。如以 Behrman（1990）[1] 等为代表的学者认为教育作为贫困人口最重要的人力资本积累方式，能够提升贫困者的产出效率。Lucas（1988）[2] 等认为教育也可以通过一定的示范和溢出效应，提高社会平均运作效率和收入。

---

　　[1]　BEHRMAN J R. The action of human resources and poverty on one another：What we have yet to learn [R]. [S.l.]：World Bank Working Paper No. 74, 1990.

　　[2]　LUCAS R E. On the mechanics of economic development [J]. Journal of Monetary Economics, 1988, 22（1）：3-42.

毫无疑问，从家庭层面来看，受教育程度越高的家庭越不容易贫困，很多学者从微观角度采用不同的计量模型得到肯定的结论，如朱农（2003）[①]、李春玲（2003）[②] 和 Gustafsson 等（2004）[③]都肯定了教育对收入的作用始终是正向的，而且这种正向作用随着受教育程度的提高而加大。刘修岩等（2007）[④]、杜凤莲等（2011）[⑤] 和李晓嘉（2015）[⑥] 则进一步肯定了教育显著影响贫困可能性的结论。同时，宏观数据也可以给我们提供一些信息，如教育可以通过消灭文盲（韩林芝 等，2009）[⑦]、提升非农就业（Kurosaki et al., 2001）[⑧]、增加人力资本积累（Lucas，1988；章元 等，2013[⑨]；邹薇 等，2006[⑩]）、公共效应（Cheng et al., 2002）[⑪] 等方式来有效降低贫困发生率。当然也有一些反对的声音，如单德朋（2012）[⑫]、王娟和张克中（2012）[⑬] 等。更进一步，教育对贫困的改善效应是否与地区经济发展水平有关？在回答这个问题之前，我们只能做出一些猜测：或许在经济发达的地区，教育水平本身已经比较高，教育对贫困的边际改善效应不大；在经济不太发达地区，由于总体的教育水平相对较低，教育对贫困的边际改善效应较大。我们当然更期待在经济不太发达的地区

①　朱农. 论教育对中国农村家庭生产活动和收入的作用 [J]. 中国人口科学, 2003 (2)：21-30.

②　李春玲. 文化水平如何影响人们的经济收入-对目前教育的经济收益率的考查 [J]. 社会学研究, 2003 (3)：64-76.

③　GUSTAFSSON B, LI S. Expenditures on education and health care and poverty in rural China [J]. China Economic Review, 2003, 15 (3)：292-301.

④　刘修岩, 章元, 贺小海. 教育与消除农村贫困：基于上海市农户调查数据的实证研究 [J]. 中国农村经济, 2007 (10)：61-67.

⑤　杜凤莲, 孙婧芳. 贫困影响因素与贫困敏感性的实证分析：基于 1991—2009 的面板数据 [J]. 经济科学, 2011 (3)：57-67.

⑥　李晓嘉. 教育能促进脱贫吗：基于 CFPS 农户数据的实证研究 [J]. 北京大学教育评论, 2015, 13 (4)：110-122.

⑦　韩林芝, 邓强. 我国农村贫困主要影响因子的灰色关联分析 [J]. 中国人口、资源与环境, 2009, 19 (4)：89-94.

⑧　KUROSAKI T, KHAN H. Human capital and elimination of rural poverty：acase study of the northwest frontier province, Pakistan [J]. IER Discussion Paper Series B No. 25, 2001：1-41.

⑨　章元, 万广华, 史清华. 暂时性贫困与慢性贫困的度量、分解和决定因素分析 [J]. 经济研究, 2013, 48 (4)：119-129.

⑩　邹薇, 张芬. 农村地区收入差异与人力资本积累 [J]. 中国社会科学, 2006 (2)：67-79.

⑪　FANG C, ZHANG X B, FAN S G. Emergence of urban poverty and inequality in China：Evidence from household survey [J]. China Economic Review, 2002, 13 (4)：430-443.

⑫　单德朋. 教育效能和结构对西部地区贫困减缓的影响研究 [J]. 中国人口科学, 2012 (5)：84-94.

⑬　王娟, 张克中. 公共支出结构与农村减贫：基于省级面板数据的证据 [J]. 中国农村经济, 2012 (1)：31-42.

教育对贫困的改善效应显著，这样的话大力投资教育会有显著的贫困改善效应。也存在另一种可能，在经济发达地区，经济发展水平较高，通过受教育有更多的机会和更大的舞台来改善贫困，教育改善贫困的边际效应较大；而在经济不太发达的地区，教育的边际效应较小。这种情形的后果更为严重，在教育效应较低的情况下，人们的理性选择可能是减少教育投入。如此下去，地区间的人力资本积累差距更大，从长期来看不利于缩小地区差距，有损公平。

之所以要结合宏观层面因素来研究教育改善贫困的效应，主要是考虑到相应扶贫政策的不同。在实践中，扶贫有面向家庭或个人和面向地区的两种扶贫思路。针对个人的有直接扶贫，如发放扶贫资金、对贫困人口直接进行补贴；针对个人的间接扶贫有通过正规教育、职业教育、培训等手段的扶贫。中国曾在偏远农村地区实施"春蕾计划"就是希望通过对女孩子的教育来间接扶贫。针对地区的扶贫政策有：通过划分贫困县、贫困地区、贫困老区等，以地区为单位进行扶贫，具体政策包括如财政直接转移支付、对所在地区实现贴息贷款、财税优惠政策等。

中国近年来的扶贫政策更加强调面向家庭的扶贫策略，这与之前强调的面向地区的扶贫策略有所区别。那么从教育改善贫困的角度来看，这样的政策是否合适？是不是面向家庭和面向地区的扶贫策略相结合效果会更好？如果教育对贫困的改善效应与经济发展程度关系不大，那我们就可以通过大力增加经济不太发达地区的教育投入，通过人力资本投资来实现脱贫。但如果教育对贫困的改善效应与地区经济发展水平相关，那么仅仅通过改善教育实现扶贫的效果则不明显，相应的扶贫策略应该是不仅扩大教育投资，同时将发展地区经济与加大个人教育投资结合起来。同时，由于收入贫困与多维贫困还存在一定的差异，收入贫困的家庭不一定多维贫困，多维贫困的家庭在收入维度不一定贫困，因此在这两种标准下教育对贫困的改善效应可能还存在差异，与经济发展的关系可能也不尽相同，相应的扶贫策略又有所不同。

我们认为，从宏观角度对教育效应的研究是将数据进行汇总来研究，既无法识别出个体受教育水平对贫困的改善效应，也无法反映这种效应的地区性差异。利用微观数据进行分析本质上是同质性模型，即使在控制变量中增加了地区因素，也无法反映宏观因素对个体教育效应的影响。本节主要关注教育对贫困的改善效应，重点回答如下两点：第一，教育对贫困的改善效应在地区间是否存在异质性，是否与经济发展水平有关系？第二，在两种贫困判断标准下，教育的扶贫效应与地区经济发展的关系是否有相同的结论？对于中国地区间差异较大的国情来说，这样分析是比较切合实际的，在此基础上再提出更具针对性的政策建议。

二、评价教育减贫效应的思路

本节首先给出一维和多维标准下贫困的识别和界定标准，对每一个家庭都给出其在两种标准下是否贫困的结论。在此基础上，再根据相应的理论提炼影响一个家庭贫困的因素，重点考察在控制了其他因素的条件下，教育改善贫困的效应。进一步，通过分层模型，将地区经济发展水平作为层 2 因素引入模型，来考察教育对贫困的改善效应是否与所在地区的经济发展水平相关。

（一）贫困识别

本节对贫困的识别在收入和多维两种标准下展开。在划分收入贫困线时，农村地区采用 2018 年的国家贫困线——人均年纯收入 3 300 元；由于国家没有公布城市贫困线，我们按照《中国统计年鉴》中当年城乡人均收入水平的比例，基于农村贫困线折算出城市贫困线为 8 861 元。在多维贫困框架下，本书参考了联合国千年发展纲要中提出的指标，使用了教育、健康、生活水平 3 个维度共 5 个指标来分析（见表 5-1），界定多维贫困时参考联合国在计算 MPI 时所采用的 30% 的标准，即当有 2 个及以上指标存在贫困时，就被认定为贫困，否则为不贫困。

表 5-1　多维标准下贫困的界定

维度	指标	界定标准（出现以下情况即视为该指标贫困）
教育	上学年限	没有一位家庭成员完成五年学业或没有一位家庭成员完成小学教育
	儿童入学	有任何一个 6~15 岁的儿童没有上学
健康	营养不良	家庭中任何一个年龄在 70 岁以下的成人的 BMI 指数小于 18.5 或儿童体重的 Z 值小于负的两倍标准差
生活水平	饮用水	住户没有合格的饮用水，这里指的是泉水、自来水、矿泉水、纯净水、过滤水
	做饭燃料	住户做饭使用的燃料是粪、木材或者木炭

注：参考联合国 MPI 测算框架和 Alkire 等①的研究。由于 2018CFPS 调查中的问卷与之前年份相比有变化，因此多维贫困的指标按照可及性只选用了 5 个。利用 CHNS 数据的实证研究中，指标可及性较好，选取的指标较多。

---

① ALKIRE S, SHEN Y. Exploring multidimensional poverty in China [R]. Oxford：OPHI Working Paper, 2015.

（二）家庭层面贫困的影响因素分析

从理论上来说，一个家庭是否贫困的影响因素有多种。从人力资本的理论来看，教育应该是一个重要的影响变量，也是本节重点关注的变量。考虑到如果仅仅采用户主的平均受教育程度，可能对分析教育效应有较大的偏差，本节使用了家庭成员中成人的平均受教育程度。

户主年龄也是一个重要的变量。一般来说，户主年龄与增加收入、改善贫困的能力呈现一种非线性关系，因此本书将户主年龄和年龄的平方纳入考虑。在中国，职业之间的收入差距也很大，因此本书将户主所从事的职业也予以考虑。

家庭人口规模也会影响到家庭的贫困。常见的情形是越贫困的家庭，家庭人口规模越大，家庭人口规模对于贫困家庭往往具有拖累作用。对于城乡二元结构明显的中国来说，家庭所处的地区是城市还是农村，也是不应被忽略的变量。为了将地区性因素考虑进来，本节按照国家统计局的标准，将地区划分为东、中、西和东北共4类地区。CFPS数据库中提供了民族属性，因此也将民族考虑进来。此外，转移性收入作为调节收入分配、改善贫困的一种重要手段，本节也将其作为是否贫困的解释变量。

在家庭层面进行分析时，我们分别在收入贫困和多维贫困两种标准下，采用LOGIT模型来分析教育改善贫困的效应。为了分析宏观经济发展对减贫效应的影响，我们采用了分层模型。

三、教育减贫的实证分析

（一）数据及变量说明

本节的研究是基于中国家庭追踪调查数据库（CFPS）2018年的数据，CFPS由北京大学中国社会科学调查中心（ISSS）实施。与其他微观调查数据库相比，本节采用该数据库主要基于以下几个原因：①CFPS涵盖了城市和农村约16 000户家庭的42 000人，样本量大，数据较为可靠；②CFPS同时包括了收入贫困和多维贫困的相关指标，对同时研究二者较为合适；③CFPS的样本来自我国25个省、直辖市、自治区，涵盖了中国大陆近94.5%的人口，因此其数据可以代表整个中国，同时也能反映各省以及地区差异。

我们根据前面的理论分析，采用了家庭平均受教育程度（Edu）、是否有转移性收入（Transfer）、家庭规模（Familysize）、城乡（Urban）、户主年龄（Age）以及年龄平方项（Age^2）、民族（Nationality）以及地区变量作为贫困的影响因素。同时以西部地区为参照，引入三个地区虚拟变量，分别为Area1、

Area2、Area4。

这里区分了控制户主职业和不控制户主职业两种情况来讨论家庭层面贫困的致贫因素。在控制户主职业的情况下，将户主主要职业分为五大类，这里以自家农业生产经营为参照组，引入四个虚拟变量来反映户主职业的类型，分别记为 Job1、Job2、Job3、Job4。在确定层 2 因素时，我们采用各省人均地区生产总值（Pergdp）来代表相应地区的经济发展程度。

（二）基本描述统计

表 5-2 是本节所涉及的主要变量的描述性统计结果，按照地区进行了区分。可以看到，各个地区样本年龄平均值较为接近，城乡比例也较为合理。东部地区家庭平均受教育年限水平最高，其次是东北地区，最差的是西部地区。在户主职业类型中，各个地区均是受雇人员最多。从人均 GDP 来看，地处东部地区省份的人均 GDP 遥遥领先。

表 5-2　2018 年关键变量的描述性统计

全国样本	平均值			
	东部	中部	西部	东北
个体层				
平均教育年限（年）	10.52	9.72	7.83	10.00
转移性收入（%）	41.32	59.54	66.42	52.59
城乡（%）	65.99	52.95	37.46	57.36
家庭规模（人）	3.73	4.17	4.21	3.16
年龄（岁）	35.21	36.31	36.93	37.06
民族（%）	99.80	99.78	97.83	99.46
职业（%）				
私营企业/个体工商户/其他自雇	12.98	13.31	9.75	10.49
农业打工	0.45	0.97	0.34	0.14
受雇	70.51	61.18	47.49	62.81
非农散工	1.49	2.84	2.91	1.36
自家农业生产经营	14.57	21.69	39.51	25.20
区域层				
人均地区生产总值（万元）	9.05	5.02	4.72	5.46

表5-2（续）

全国样本	平均值			
	东部	中部	西部	东北
因变量				
收入贫困（%）	8.65	6.73	12.66	8.17
多维贫困（%）	4.72	6.28	13.91	6.13
样本量	2 011	1 337	1 754	734

注：有（%）标注的表示表中计算的数据为赋值为1的百分比。

就数据库中样本的贫困发生率指标来看，在2018年的收入维度和多维角度贫困发生率最高的都是西部地区，收入维度贫困发生率最低的是中部地区，多维贫困发生率最低的是东部地区，说明我国的贫困问题仍旧主要集中于较为落后的西部地区。另外，收入维度的贫困发生率与各省制定的贫困标准有关，东部省份的标准线远远高于其他地区，使得该标准衡量下的收入贫困率略高。而东部地区多维贫困发生率最低，是否与外部经济环境有关，这也正是本节想要论证之处。两种贫困的差别如此之大，也从侧面反映了仅仅依靠传统的家庭收入来衡量的贫困已经不能概括我国目前的贫困状况，收入贫困并不等同于多维贫困。

本节重点关注教育对贫困的改善效应。表5-3列示了2018年各地区贫困家庭和非贫困家庭平均受教育程度的差别，从表中大致可以看出，与贫困联系起来看，不管在哪种贫困标准下，不贫困家庭的个体受教育程度均高于贫困家庭，且受教育程度在不同地区均有非常显著的差异。

表5-3　2018年界定为贫困和非贫困家庭的平均教育年限变量描述性统计

单位：年

两类贫困		平均值			
		东部	中部	西部	东北
收入贫困角度	贫困家庭	6.29	6.68	4.55	6.57
	不贫困家庭	10.92	9.94	8.31	10.31
多维贫困角度	贫困家庭	3.84	3.68	2.52	0.96
	不贫困家庭	10.85	10.12	8.69	10.59

（三）个体层面模型估计和分析

我们首先利用 LOGIT 模型，考虑在两种贫困标准下，接受教育对改善贫困的效应。考虑到地区间的差异，本节将地区与教育的交互项也纳入模型之中。同时由于在 CFPS 数据库中职业变量缺失问题，模型中区分了控制职业变量和不控制职业变量两种情况。模型表述为：

$$Y_i^K = \frac{1}{1 + e^{-z_i}}, \quad K = 1, \ 2 \tag{5-11}$$

$$z_i = \beta_0 + \beta_1 \text{Edu}_i + \beta_2 \text{Transfer}_i + \beta_3 \text{Urban}_i + \beta_4 \text{Familysize}_i + \beta_5 \text{Age}_i +$$

$$\beta_6 Age_i^2 + \beta_7 \text{Nationality}_i + \beta_8 \text{Edu} \times \text{Area1}_i + \beta_9 \text{Edu} \times \text{Area2}_i +$$

$$\beta_{10} \text{Edu} \times \text{Area4}_i + \varepsilon_i$$

其中，上标 K 表示家庭贫困类型，$K = 1$ 为收入贫困，$K = 2$ 为多维贫困。

模型估计结果列在表 5-4，其中模型 1、2 分别是收入维度下的贫困在不控制户主职业和控制户主职业两种情况下的结果，模型 3、4 分别是多维贫困情形下不控制户主职业和控制户主职业两种情况下的结果。对于 LOGIT 模型，一般不对其回归系数直接解释，而是采用计算每个指标边际效应的方法进行模型的分析。

表 5-4　2018 年基于个体层面 LOGIT 回归结果计算的边际效应

变量	收入维度贫困		多维贫困	
	模型 1	模型 2	模型 3	模型 4
平均教育年限	−0.100 ***	−0.073 ***	−0.235 ***	−0.224 ***
转移性收入	−0.046	−0.115	0.399 ***	0.362 ***
城乡	1.311 ***	1.527 ***	−0.712 ***	−0.629 ***
家庭规模	0.242 ***	0.233 ***	−0.095 ***	−0.099 ***
年龄	−0.082 ***	−0.086 ***	−0.045 *	−0.046 *
年龄的平方	0.001 ***	0.001 ***	0.000 4 *	0.000 4
民族	−0.532	−0.528	−0.073	−0.022
职业（参照组：自家农业生产经营）				
私营企业/个体工商户/其他自雇		−0.888 ***		−0.726 ***
农业打工		−0.354		−0.252
受雇		−1.004 ***		−0.328 **
非农散工		−0.201		−0.496

表5-4(续)

变量	收入维度贫困		多维贫困	
	模型1	模型2	模型3	模型4
地区交互项（参照组：西部）				
东部×平均教育年限	−0.081***	−0.073***	−0.050**	−0.047**
中部×平均教育年限	−0.038***	−0.031**	−0.041*	−0.038
东北×平均教育年限	0.042**	0.036**	−0.224***	−0.228***
卡方检验统计量	500.45	560.36	890.50	903.06
样本量	5 836	5 836	5 836	5 836

注：*、**、***分别代表在10%、5%、1%的程度上显著。

1. 收入贫困标准下模型的解释

我们根据计算得到的边际效应来加以解释。在2018年除转移收入和户主民族外，其余变量都对家庭的收入贫困有显著影响。就本书最关注的教育变量来看，全家平均受教育程度增加一年，2018年该家庭发生收入贫困的可能性就会下降0.100①，这说明从微观家庭层面来看，教育是重要的影响家庭陷入贫困或者脱离贫困的因素。本节考虑了教育与地区虚拟变量的交互项后，发现全部显著，初步说明教育效应在地区之间有差异，所以值得我们继续用分层模型探索教育效应与宏观变量之间的关系。

模型2进一步加入了户主职业类型后，发现大部分变量依旧保持了与模型1类似的结论，只是边际效应数值大小不同。户主不同的职业对家庭收入贫困的影响也是有区别的：在其他个人特征和家庭特征相同的情况下，与从事自家农业生产经营的户主相比，户主从事其余四类职业的家庭落入收入贫困的概率均下降。其中，户主为受雇人员时，其所属家庭收入贫困的发生概率相比参照组下降幅度最大，是最不容易发生收入贫困的家庭。

2. 多维贫困标准下的模型解释

模型3、4考虑的是多维贫困标准。在模型3下，很多变量与模型1的结论不具有一致性，这也说明从两种贫困标准来认识贫困是非常必要的。具体来看，是否有转移性收入对于一个家庭多维贫困的影响比收入贫困的影响显著，但是却是增加家庭落入多维贫困的概率，与收入贫困结论相反：说明有转移性收入的家庭确实可以减轻收入维度上的贫困，但是多维贫困发生的可能性在增

---

① 这是在未引入教育和城乡交互项时得到的平均教育效应的估计值，多维情况同理。

大。由于城镇整体基础设施建设情况、公共服务情况一般都好于农村，因此在多维贫困角度，位于农村的家庭比城镇的家庭更容易陷入多维贫困。

平均受教育年限依旧是影响家庭多维贫困的重要因素：家庭平均受教育年限增加一年，2018 年该家庭多维贫困发生的可能性会降低 0.235，也就是说受教育程度越高的家庭越不容易陷入多维贫困，同时可以看到，家庭整体教育水平的提升对多维贫困的影响比对收入贫困的影响更加明显。教育和地区的交互项也是显著的影响变量，也说明教育效应在地区之间是有差异的。

模型 4 在模型 3 的基础上进一步加入了户主职业变量。可以看到，四类户主职业都能降低家庭多维贫困的可能性，这与模型 2 中的结论基本一致。

（四）分层线性模型的分析

家庭层面的模型中，受教育程度与地区的交互项是显著的影响变量，说明教育效应有地区性差异。那么对发展水平地区性差异较大的我国来说，如果与地区经济发展水平相结合来看，又会有什么样的结论呢？本部分在前面同质模型的基础上，以经济发展水平作为层 2 变量，利用分层 LOGIT 模型来探索二者之间的关系。

分层模型的设定为：

层 1 模型：

$$Y_{ij}^K = \frac{1}{1 + e^{-z_{ij}}}, \quad K = 1, \ 2 \qquad (5\text{-}12)$$

$z_{ij} = \beta_{0j} + \beta_{1j} \text{Edu}_{ij} + \beta_{2j} \text{Transfer}_{ij} + \beta_{3j} \text{Urban}_{ij} + \beta_{4j} \text{Familysize}_{ij} + \beta_{5j} \text{Age}_{ij} + \beta_{6j} \text{Age}_{ij}^2 + \beta_{7j} \text{Nationality}_{ij} + \beta_{8j} \text{Edu} \times \text{Area1}_{ij} + \beta_{9j} \text{Edu} \times \text{Area2}_{ij} + \beta_{10j} \text{Edu} \times \text{Area4}_{ij} + \varepsilon_{ij}$

层 2 模型：

$$\beta_{0j} = \gamma_{00} + \gamma_{01} \text{Pergdp}_j + \mu_{0j} \qquad (5\text{-}13)$$
$$\beta_{1j} = \gamma_{10} + \gamma_{11} \text{Pergdp}_j + \mu_{0j}$$
$$\beta_{2j} = \gamma_{20}$$
$$\beta_{3j} = \gamma_{30}$$
$$\beta_{4j} = \gamma_{40}$$
$$\beta_{5j} = \gamma_{50}$$
$$\beta_{6j} = \gamma_{60}$$
$$\beta_{7j} = \gamma_{70}$$

其中，下标 j 区分省份；μ_{0j} 和 μ_{1j} 均为区域层的残差项，假设服从正态分布，在该模型的设定中，β 参数表示自变量的影响。经济发展程度在第二层方

程中以向量 β 的自变量的形式进入模型。将层 2 模型代入式（5-12），得到：

$$Y_{ij}^K = \frac{1}{1 + e^{-z_{ij}}}, \quad K = 1, \ 2 \tag{5-14}$$

$$z_{ij} = \gamma_{00} + \gamma_{01}\,\mathrm{Pergdp}_j + \gamma_{10}\,\mathrm{Edu}_{ij} + \gamma_{20}\,\mathrm{Transfer}_{ij} + \gamma_{30}\,\mathrm{Urban}_{ij} +$$
$$\gamma_{40}\,\mathrm{Familysize}_{ij} + \gamma_{50}\,\mathrm{Age}_{ij} + \gamma_{60}\,\mathrm{Age}_{ij}^2 + \gamma_{70}\,\mathrm{Nationality}_{ij} +$$
$$\gamma_{11}\,\mathrm{Edu}_{ij} \times \mathrm{Pergdp}_{ij} + \mu_{1j}\,\mathrm{Edu}_{ij} + \vartheta_{ij}$$

其中，$v_{ij} = \mu_{0j} + \varepsilon_{ij}$。

该模型将教育对贫困的改善效应区分为三个部分：即各省经济发展程度为 0 时，家庭平均受教育年限在各省的平均效应（γ_{10}）、各省的异质性效应（γ_{11}）以及各省的残差项（μ_{1j}）。我们主要关注的是层 2 模型中的教育效应，即 γ_{11} 是主要关心的系数。表 5-5 给出了 2018 年收入维度贫困和多维贫困标准下分层模型的估计结果。

表 5-5　2018 年分层 LOGIT 模型估计平均受教育程度对家庭两类贫困效应变化

变量	收入贫困		多维贫困	
	模型 5	模型 6	模型 7	模型 8
个体层				
平均教育年限	-0.120^{***}	-0.081^{***}	-0.329^{***}	-0.311^{***}
区域限				
人均地区生产总值	-2.21×10^{-5}	$-1.83 \times 10^{-5\ ***}$	-9.46×10^{-6}	-8.24×10^{-6}
交互项				
人均地区生产总值 ×平均教育年限	-1.36×10^{-7}	-3.46×10^{-7}	$1.08 \times 10^{-6\ **}$	$9.84 \times 10^{-7\ *}$
户主职业	未控制	已控制	未控制	已控制
其他人口学特征	已控制	已控制	已控制	已控制
常数项	0.218	0.500	1.728^{**}	1.888^{**}
似然比检验	9.00	6.60	70.42	72.18

可以得到如下结论：

（1）收入贫困标准下

在收入标准识别贫困的情况下，模型显示地区经济发展的效应 γ_{01} 为负，表明在经济发展程度越高的地区，家庭落入收入贫困的可能性在下降，这种现象在控制户主职业时候变得显著。同时，不管是否控制户主的职业，地区经济发展水平和家庭平均受教育年限的交互项 γ_{11} 均为负，说明一个地区的经济发展水平越高，家庭平均受教育程度对收入贫困的改善效应越大，即教育效应受到地区经济发展水平的影响。这说明就收入贫困来说，教育要想发挥增加收入、改善贫困的作用，一定需要有经济发展的平台来保障其发挥作用。

（2）多维贫困标准下

在多维贫困标准下，教育改善多维贫困的效应与地区发展水平的关系显著为正。其一是表明同样受教育程度的个体，所处的地区经济发展水平不同，其对多维贫困的作用效果也不同；其二是表明一个地区经济发展水平越高，反而家庭越会因为教育因素增加落入多维贫困的概率。这与多维贫困本身的概念界定和识别有一定关系，也由于多维贫困更多的是由于公共产品和服务的缺失所造成的，如当地是否供应自来水、电及做饭燃料供给等。换句话说，GDP 代表经济发展，并不完全代表公共产品和服务的供给能力。但是一般经济发展较好的地区伴随的却是高额的教育支出，这在一定程度上挤压了其他消费，一旦这些层面的公共服务能力跟不上，就很有可能导致家庭多维贫困。

四、结论及建议

经过上面的模型分析，我们可以回答前面提出的两点问题：第一，在个体层面上不应忽视教育对贫困的改善效应，在宏观层面上也需要认识到教育改善贫困的效应与地区经济发展的相关性。第二，在两种贫困分析框架下，教育改善贫困的效应与地区经济发展的关系有不同的表现，这也从另一个角度说明不同贫困标准下应该有不同的扶贫政策。

因此我们可以提出如下政策建议：

第一，教育对贫困的改善效应是不容忽视的。政府应该继续重视教育投入，尤其对贫困地区应该更加重视教育投资。对于贫困家庭和个人，应该重视精准扶贫，尤其要重视教育的精准扶贫。

第二，教育改善收入贫困的效应存在地区间异质性，受到地区经济发展的影响，这提示我们在进行贫困政策制定时，面向家庭或个人的精准扶贫应该与发展地区经济相结合，经济发展是实现教育扶贫的重要舞台。但对多维贫困来说，由于多维贫困的很多维度取决于公共产品和服务的供给情况，如水、电、燃料及医疗卫生服务等。要改善多维贫困，不能仅仅靠 GDP，更要注重民生服务，特别是增加公共教育投入。

第三，正如世界银行在报告《从贫困地区到贫困人群：中国扶贫议程的演进》中所提出的，采用更广义的贫困概念以及合适的识别和瞄准贫困群体的标准是非常必要的。从多维角度来识别贫困，现在已经是联合国等国际组织所倡导的。未来识别和界定贫困时，应该将收入贫困与多维贫困结合起来。

第三节　一维与多维视角下的转移支付减贫效应评价

一、转移支付减贫研究的意义

依据国民经济学理论，再分配环节是调节收入差距、减少贫困发生的关键环节，转移支付是这一环节里传统且重要的手段，有助于缩小贫富差距。不论在理论还是实践层面，转移支付都是减少贫困和不平等的潜在有效工具，也是我国政府一直以来采用的重要扶贫手段。但是转移支付对贫困改善的效果会受到地区因素的影响吗？尤其是是否会受到地区公共服务能力的影响？

之所以提出这个问题，是基于这样的思考：多维贫困的内涵涉及个人全面发展的多个角度。在联合国给出的 MPI 测算框架中，就涵盖了教育、健康、生活质量等维度，而这些维度关乎民生问题，在很大程度上会受到地区公共服务水平的影响，如地区的医疗设施水平、教育提供情况、供水、供电等公共品的提供等。我们认为对一个家庭发生转移支付，其有更大能力去购买市场化的产品和服务，能够在一定程度改善其贫困。但是在多维贫困的分析框架下，对贫困家庭给予转移支付能否改善其多维贫困状态，与一个地区公共服务的能力应该有直接关系。如果在一个公共服务能力高的地区，对微观个体发生转移支付，其对贫困的改善效应更强，则提示我们应该从根本上重视宏观公共服务能力的提升；反之，在公共服务水平较差的地区，这种改善效应若被削弱，则说明对这样的地区，增加对个人的转移支付及提升地区公共服务大环境都是重要的扶贫方式，应该都得到重视。同时，中国地区间发展差异很大，公共服务水平的地区差异也很明显。尽管在国家层面上对公共产品的有效供给给予了高度重视，如"十二五"规划就将建立健全基本公共产品及服务体系作为其重要内容，强调"逐步实现不同区域的基本公共产品及服务均等化"，但是当今这种差异仍然较大。那么地区公共服务能力的差异是否会导致转移支付改善多维贫困的效果，值得进行研究。

二、分析视角的选择

西方国家的社会福利制度建立较早，发展比较健全，较早开始对转移支付减少贫困进行评估研究，研究的出发视角一般是宏观角度或者微观角度。就转移支付来讲，其目的就是从宏观层面平衡收入、促进公平，初衷是协调地区发展与减少贫困，因此从宏观角度来研究转移支付的减贫效应是传统的方法，也是早期研究最常使用的方法。一些研究表明转移支付由于挤出效应等原因对贫困状态没有改善（Darity et al.，1987[①]；Lal D，2009[②]；刘穷志，2008[③]），更有甚者，表明转移支付非但没有改善收入，还在一定程度上更有损穷人（卢现祥 等，2009)[④]。当然也有研究表明中国的转移支付在一些条件下确实有效缓解了贫困问题（储德银 等，2013)[⑤]。

由于近年来微观数据越来越广泛的使用，更多的学者将研究视角投向微观层面，认为从家庭层面甚至个人层面来研究转移支付的减贫效应更为贴切。微观层面的研究一部分支持了宏观视角的结论，即转移支付并没有起到预期的减贫效应（Emmanuel et al.，2006[⑥]；刘穷志，2010[⑦]；樊丽明 等，2014[⑧]）；另一部分则为转移支付能够起到改善收入分配进而助力减贫提供了数据支持（Chen et al.，2006[⑨]；Ardington et al.，2007[⑩]；都阳 等，2007[⑪]）。还有学者采用计量方法比较公共转移支付和私人转移支付对贫困的影响，认为公共转移支付对贫困没有影响甚至有正向促进作用，私人转移支付则有效地减少了贫困

① DARITY W A，MYERS S L. Do transfer payments keep the poor in poverty [J]. American Economic Review，1987，77（2）：216-222.

② LAL D，SHARMA A. Private household transfers and poverty alleviation in rural India：1998-99 [J]. Margin，2009，3（2）：97-112.

③ 刘穷志. 增长、不平等与贫困：政府支出均衡激励路径 [J]. 财贸经济，2008（12）：58-62.

④ 卢现祥，徐俊武. 公共政策、减贫与有利于穷人的经济增长 [J]. 制度经济学研究，2009（2）：112-125.

⑤ 储德银，赵飞. 财政分权、政府转移支付与农村贫困：基于预算内外和收支双重维度的门槛效应分析 [J]. 财经研究，2013，39（9）：4-18.

⑥ EMMANUEL S，VINCENZO D M. Conditional cash transfers，adult work incentives and poverty [J]. The World Bank Impact Evaluation Series NO. 5，2006.

⑦ 刘穷志. 转移支付激励与贫困减少：基于 PSM 技术的分析 [J]. 中国软科学，2010（9）：8-15.

⑧ 樊丽明，解垩. 公共转移支付减少了贫困脆弱性吗？[J]. 经济研究，2014（8）：67-77.

⑨ CHEN S，MU R，RAVALLION M. Are there lasting impact of aid to poor area? Evidence from rural China [R]. [S.l.]：World Bank Working Paper，2006.

⑩ ARDINGTON C，CASE A，HOSEGOOD V. Labor supply response to large social transfer：Longitudinal evidence from South African [R]. [S.l.]：NBER Working Paper，2007.

⑪ 都阳，PARK A. 中国的城市贫困：社会救助及其效应 [J]. 经济研究，2007（12）：24-33.

（解垩，2010①；卢盛峰 等，2013②）。

基于不同的数据，在公共服务对贫困的作用研究方面成果也很丰富，结论不尽相同。有研究表明政府教育或者医疗支出对减少贫困具有积极影响（Jung et al.，2003③；朱玲，2004④；徐月宾等，2007⑤；汪三贵，2008⑥；卢盛峰等，2013），营养和食物保障等对居民的贫困状况也有很重要的影响（Quisumbing，2003）⑦，公共基础设施建设对减贫具有巨大促进作用（Parker et al.，2008）⑧，但也有研究认为在帮助居民摆脱贫困方面，社会救助的作用不明显（Van de Walle，2004）⑨。

可以发现，上述研究都基于传统收入贫困的角度，对于多维贫困与公共服务水平的研究非常少，而且笔者仅发现两篇研究我国的相关文章。中科院清华大学国情研究中心基于《青海省减贫发展战略研究》课题，提出了"多维减贫导向"的公共政策设计，认为教育、医疗及其他基础设施与服务落后是造成贫困面大、贫困人口多并且贫困程度深的一个重要原因，但是文章中未见到定量层面的详细分析。张全红和周强（2015）⑩分析了1991—2011年中国多维贫困的广度、深度和强度，认为我国多维贫困的下降主要发生在2000—2011年，其一是因为改善了农村家庭在健康和居住条件维度的贫困程度，其

① 解垩. 公共转移支付和私人转移支付对农村贫困、不平等的影响：反事实分析 [J]. 财贸经济，2010（12）：56-61.

② 卢盛峰，卢洪友. 政府救助能够帮助低收入群体走出贫困吗？——基于1989—2009年CHNS数据的实证研究 [J]. 财经研究，2013，39（1）：4-16.

③ JUNG H, THORBECKE E. The impact of public education expenditure on human capital, growth, and poverty in Tanzania and Zambia：A general equilibrium approach [J]. Journal of Policy Modeling, 2003, 25（8）：701-725.

④ 朱玲. 西藏农牧区基层公共服务供给与减少贫困 [J]. 管理世界，2004（4）：41-50，155-156.

⑤ 徐月宾，刘凤芹，张秀兰. 中国农村反贫困政策的反思：从社会救助向社会保护转变 [J]. 中国社会科学，2007（3）：40-53，203-204.

⑥ 汪三贵. 在发展中战胜贫困—对中国30年大规模减贫经验的总结与评价 [J]. 管理世界，2008（11）：78-88.

⑦ QUISUMBING A R. Food aid and child nutrition in rural Ethiopia [J]. World Development, 2003, 31（7）：1309-1324.

⑧ PARKER D, KIRKPATRICK C, THEODORAKOPOULOU C F. Infrastructure regulation and poverty reduction in developing countries：A review of the evidence and a research agenda [J]. The Quarterly Review of Economics and Finance, 2006, 48（2）：177-188.

⑨ VAN DE WALL D. Testing Vietnam's public safety net [J]. Journal of Comparative Economics, 2004, 32（4）：661-679.

⑩ 张全红，周强. 中国贫困测度的多维方法和实证应用 [J]. 中国软科学，2015（7）：29-41.

二是城市社会保障投入的提高和廉租房的建设，也有效地改善了城市家庭的贫困状况，但是文章主要是进行多维贫困测算，出发点与本节很不一样。

由于本节的研究主要是探究宏观上地区公共服务供给能力与微观上转移支付对贫困尤其是多维贫困改善效应之间的关系，因此上述或者从宏观角度进行研究，或者从微观角度进行研究的文献，都无法回答本节的问题，也就是尚没有将宏观因素与微观效应分析相结合的文献。

三、基于分层模型对转移支付减贫效应的分析

（一）贫困识别

本节的研究是基于最新的中国健康与营养数据库（CHNS）2015 年的数据，该数据库包括了多维贫困的相关指标，同时也可以测量收入贫困。

在多维贫困框架下，结合联合国千年发展目标对各个具体指标的相关技术规定以及中国的实际情况和数据的可获得性，确立使用了教育、健康、生活水平 3 个维度共 9 个指标来分析（见表 5-6），界定多维贫困时参考联合国在计算 MPI 时所采用的 30% 的标准，即当有 3 个及以上指标存在贫困时，就被认定为多维贫困，否则为不贫困。在划分收入贫困线时，农村地区采用的标准是人均年纯收入 2 855 元；由于国家没有公布城市贫困线，我们按照《中国统计年鉴》中当年城乡人均收入水平的比例，基于农村贫困线折算出城市贫困线为 9 217 元。

表 5-6 多维标准下贫困的界定

维度	指标	贫困认定标准
教育	受教育年限	任一成年家庭成员受教育年限小于 5 年
	适龄儿童在学情况	家庭中任一 6~11 岁儿童存在失学
健康	医疗保险	任一家庭成员没有任何医疗保险
生活水准	电	家中不通电
	卫生设施	不能使用室内、室外冲水厕所和干式厕所
	饮用水	家中没有清洁的饮用水
	做饭燃料	使用木炭、动物粪便、木头作为做饭燃料
	电器资产	拥有冰箱、电视、电话、自行车、摩托车资产中的两项以下，以及没有汽车或者拖拉机
	住房	不能从政府、单位获得住房，或者没有自己的住房

（二）数据与变量

表5-7给出了本节使用的主要变量及其具体取值的含义。CHNS数据库直接提供了本节关键变量"转移支付"的数据，其用每个家庭获得的转移性收入衡量，本节将其转换成二元变量即存在转移性收入的家庭即被认为获得转移支付。户主职业类型较多，为方便分析本节将职业类型分为5类，具体的分类见本章末附表1。在分析过程中以第5类职业即农民为参照组，采用4个虚拟变量进行回归。

关于地区层面反映一个地区公共服务供给能力的指标，我们采用《中国统计年鉴》分项财政支出指标中的教育、医疗卫生、社会保障和就业、住房保障、城乡社区事务和科学技术的相应支出作为对公共服务供给能力高低的衡量，即公共服务支出越多的地区，代表其公共服务供给能力越强。

表5-7　主要变量

变量名	含义
c3dummy	家庭多维贫困（1=是，0=否）
incomepov	家庭收入贫困（1=是，0=否）
sub	一个家庭是否有转移性收入（1=有，0=没有）
size	家庭人口数
urban	家庭所在地为城镇或农村（1=城镇，0=农村）
edu	户主受教育年限
age	户主年龄
gender	户主性别（1=男性，0=女性）
marry	户主婚姻状态（1=在婚，0=其他）
job	户主职业
perpub	地区人均公共服务支出

（三）描述统计

我们分地区给出了表5-8的描述性统计结果。从两种贫困发生率来看，二者都是东部地区发生比例最低；中部和西部的多维贫困发生比例都相当高，同时西部地区在收入维度的贫困也最严重，这表明尽管从结果来看，两种贫困的表现有一定关联，但是二者不论从概念界定还是样本给出的发生率来看，多维贫困并不等同于收入贫困，因此本节主要从多维贫困的角度来研究。

家庭的转移支付是本节关注的重点指标。东部地区的家庭获得转移支付的占比远远高于中西部地区的家庭，该占比差距有一倍多。这也与很多学者（卢现祥 等，2009①；解垩，2010②）的研究结论一致，我们认为出现这种情形是有原因的：我国东部地区较发达，这不仅体现在经济水平上，也体现在地方政府管理理念和管理能力上，其二次分配的能力较强。各个地区样本年龄平均值较为接近，城乡、性别和婚姻状态比例也较为合理。户主职业类型以农民为最多，中部和西部均占到7成以上，东部稍低一些，这与我国第六次人口普查的结论一致。户主受教育程度也按照东中西部依次降低，家庭人口数则呈现相反的趋势——按照东中西部依次增加。

在地区层面，公共服务供给能力在不同地区的差距明显：东部人均公共服务支出最多，中部和西部都较低，大约只有东部地区的一半，这也反映了我国公共服务供给发展不平衡的现状。

表 5-8　关键变量的描述性统计

样本	东部	中部	西部
个体层			
转移性收入（%）	35.463	17.443	16.729
家庭规模（人）	2.983	3.151	3.620
城乡（%）	53.593	34.699	37.528
教育年限（年）	9.388	7.867	6.776
年龄（岁）	56.229	55.711	57.189
性别（%）	76.562	81.378	74.981
婚否（%）	85.956	84.420	79.050
职业类型（%）			
复杂非体力	15.45	9.99	6.33
简单非体力	4.65	2.79	1.88
复杂体力	5.97	3.54	3.32
简单体力	15.97	13.22	16.05
农民	57.96	70.45	72.42

①　卢现祥，徐俊武. 公共政策、减贫与有利于穷人的经济增长 [J]. 制度经济学研究，2009 (2)：112-125.

②　解垩. 公共转移支付和私人转移支付对农村贫困、不平等的影响：反事实分析 [J]. 财贸经济，2010 (12)：56-61.

表5-8（续）

样本	东部	中部	西部
区域层			
人均公共服务支出（元）	4 711.016	2 081.140	2 423.146
因变量			
多维贫困（%）	17.614	35.506	32.102
收入贫困（%）	9.253	17.815	21.703
样本量	2 129	1 611	1 327

注：表中用（%）标注的表示分类数据，数值表示赋值为 1 的样本所占的百分比，其余指标为均值。

（四）个体层面模型与分析

我们首先利用 LOGIT 模型获得个体层面的结论，探究多维贫困的影响因素，重点关注家庭是否有转移支付收入对贫困的影响，并以收入维度的贫困作为对比和补充。式（5-15）给出了影响家庭贫困的 LOGIT 模型表述，其中因变量表示是否贫困，区分多维贫困（ $k = 1$ ）与收入贫困（ $k = 2$ ）两种框架。

$$y_i^k = 1/1 + e^{-z_i}, \ k = 1, \ 2$$

$$
\begin{aligned}
z_i = {} & \beta_0 + \beta_1 \text{sub} + \beta_2 \text{size} + \beta_3 \text{urban} + \beta_4 \text{edu} + \beta_5 \text{age} \\
& + \beta_6 \text{gender} + \beta_7 \text{marry} + \beta_8 \text{job1} + \beta_9 \text{job2} + \beta_{10} \text{job3} \\
& + \beta_{11} \text{job4} + \beta_{12} \text{Area2} + \beta_{13} \text{Area3} + \varepsilon
\end{aligned}
\tag{5-15}
$$

由于 LOGIT 模型的特殊性，我们将回归结果转化为边际效应（见表5-9），这样更利于理解。

表 5-9　基于个体层面 LOGIT 回归结果计算的边际效应

变量	多维贫困模型	收入贫困模型
转移性收入	−0.089***	−0.035***
家庭规模	−0.014***	0.018***
城乡	−0.243***	0.277***
教育年限	−0.028***	−0.013***
年龄	-9.19×10^{-6}	−0.003***
性别	−0.098***	−0.020**
婚否	-7.09×10^{-5}	−0.060***

表5-9（续）

变量	多维贫困模型	收入贫困模型
职业（参照组：农民）		
复杂非体力	-0.061^{***}	-0.072^{***}
简单非体力	-0.102^{***}	-0.062^{***}
复杂体力	-0.062^{***}	-0.056^{***}
简单体力	-0.076^{***}	-0.032^{***}
地区项（参照组：西部）		
东部	0.039^{***}	-0.073^{***}
中部	-0.027^{*}	0.005
卡方检验统计量	1 570.85	833.17
样本量	5 067	5 067

注：*、**、***分别代表在10%、5%、1%的程度上显著。

总体来看表5-9中的两组模型，户主个人特征中的年龄和婚姻状况对该家庭多维贫困没有显著影响，但却对收入贫困有影响，这样的结论原因之一是年龄效应也是传统明瑟方程的结论，原因之二是考虑到结婚组成家庭后，收入来源从单人变为双人能在一定程度上改善收入贫困。其余变量则对两类贫困都有显著影响，这也与多数学者研究影响家庭收入贫困的因素的结论一致。

主要变量"转移支付"对两类贫困呈现一致的效果——该指标的边际效应均为负值，说明一个家庭获得转移支付能减少两类贫困的发生率，且在多维贫困模型中，转移性收入指标的边际效应绝对值为0.089，大于相应的收入贫困模型中的绝对值0.035，表明转移支付收入对多维贫困的边际效应更明显。说明当前为了改善我国贫困状况，直接针对低收入群体以及弱势群体等的经济补贴和救助是有意义的，换句话说转移支付仍旧是改善贫困的重要手段。其余效果较为一致的指标还有户主的受教育程度、性别和职业。户主为男性且受教育程度越高的家庭陷入两类贫困的概率越低；同时相较农民来说，户主从事其他职业的家庭更不容易陷入两类贫困，具体来讲，户主职业为简单非体力类型的家庭最不容易发生多维贫困，而对于收入贫困，则是复杂非体力的改善效果最明显。

关注表5-9中的地区项发现，两类贫困在不同地区的发生率还是有差异的，尤其是多维贫困的地区差异性衡量指标都显著。这也是本节接下来采用分层线性模型将地区异质性引入家庭贫困模型来考察不同地区的家庭陷入多维贫困的原因。

（二）分层模型设定与估计

个体层面的回归是基于地区间同质性的假定，反映的是平均意义上的结论，这样的结论无法反映一个家庭所处的地区性因素对转移支付效应的影响，也无法反映微观手段和宏观手段究竟哪个更应该得到重视？

为了找到想要的答案，我们采用分层 LOGIT 模型：第一层，即个体层面的方程；第二层为区域层面的方程，我们令第一层的截距项和转移性收入的系数随不同省份的公共服务能力而变化，这样可以分析不同的公共服务供给能力对转移支付发挥作用是否有加强或者抑制的效果。

多维贫困的分层 LOGIT 模型的具体形式如下：

第一层（个体层面）：

$$y_{ij}^k = 1/1 + e^{-z_{ij}}, \quad k = 1, \ 2$$

$$
\begin{aligned}
z_{ij} = &\ \beta_{0j} + \beta_{1j}\mathrm{sub}_{ij} + \beta_{2j}\mathrm{size}_{ij} + \beta_{3j}\mathrm{urban}_{ij} + \beta_{4j}\mathrm{edu}_{ij} + \\
&\ \beta_{5j}\mathrm{age}_{ij} + \beta_{6j}\mathrm{gender}_{ij} + \beta_{7j}\mathrm{marry}_{ij} + \beta_{8j}\mathrm{job1} + \beta_{9j}\mathrm{job2} + \\
&\ \beta_{10j}\mathrm{job3} + \beta_{11j}\mathrm{job4} + \varepsilon_{ij}
\end{aligned}
\tag{5-16}
$$

第二层（区域层面）：

$$
\begin{aligned}
\beta_{0j} &= \gamma_{00} + \gamma_{01}\mathrm{perpub}_j + \mu_{0j} \\
\beta_{1j} &= \gamma_{10} + \gamma_{11}\mathrm{perpub}_j + \mu_{1j} \\
\beta_{2j} &= \gamma_{20} \\
\beta_{3j} &= \gamma_{30} \\
\beta_{4j} &= \gamma_{40} \\
\beta_{5j} &= \gamma_{50} \\
\beta_{6j} &= \gamma_{60} \\
\beta_{7j} &= \gamma_{70} \\
\beta_{8j} &= \gamma_{80} \\
\beta_{9j} &= \gamma_{90} \\
\beta_{10j} &= \gamma_{100} \\
\beta_{11j} &= \gamma_{110}
\end{aligned}
\tag{5-17}
$$

其中，下标 j 表示第 j 个省份；μ_{0j} 和 μ_{1j} 均为区域层的残差项，假定服从正态分布，第一层的残差项也为正态分布。在该模型的设定中，β 参数表示自变量的影响。地区公共服务供给能力在第二层方程中以 perpub_j 表示。将式（5-17）代入式（5-16），得到：

$$y_{ij}^k = 1/1 + e^{-z_{ij}}, \quad k = 1, 2$$

$$z_{ij} = \gamma_{00} + \gamma_{01}\text{perpub}_j + \gamma_{10}\text{sub}_{ij} + \gamma_{20}\text{size}_{ij} + \gamma_{30}\text{urban}_{ij} + \gamma_{40}\text{edu}_{ij} + \gamma_{50}\text{age}_{ij} +$$
$$\gamma_{60}\text{gender}_{ij} + \gamma_{70}\text{marry}_{ij} + \gamma_{80}\text{job1}_{ij} + \gamma_{90}\text{job2}_{ij} + \gamma_{100}\text{job3}_{ij} + \gamma_{110}\text{job4}_{ij} +$$
$$\gamma_{11}\text{sub}_{ij} \cdot \text{perpub}_j + \mu_{1j}\text{sub}_{ij} + \upsilon_{ij} \tag{5-18}$$

其中，$\upsilon_{ij} = \mu_{0j} + \varepsilon_{ij}$。式（5-18）中 β_{1j} 表示是否获得转移支付对家庭收入贫困对数发生比的影响。在第二层中将这个影响分为三个部分：平均影响（γ_{10}）、异质性效应（γ_{11}）和残差项（μ_{1j}），其中 γ_{11} 是本节关注的重点。收入贫困的模型类似，由表5-10给出两类贫困下的估计结果。

表5-10　分层 LOGIT 模型估计转移支付对家庭贫困效应变化

	多维贫困模型	收入贫困模型
个体层		
转移性收入	-1.45^{***}	-0.732^{**}
区域层		
人均公共服务支出	$-2.52\times10^{-4\ ***}$	$-3.14\times10^{-3\ ***}$
交互项		
人均公共服务支出×转移性收入	$-2.714\times10^{-3\ *}$	-5.63×10^{-5}
其他人口学特征	已控制	已控制
常数项	8.32^{***}	1.54^*
似然比检验	263.24	101.1

（三）模型主要结论

上述分层模型中，γ_{11} 即人均公共服务支出与转移性收入的交互项都为负数，并且在多维分析框架下显著，这表明随着人均地区公共服务能力的提升，转移支付改善贫困的效应在增强①。

我们可以得到如下结论：①从多维贫困模型来看，可以发现：一个家庭获得转移支付的确可以改善该家庭的多维贫困，使其对数发生比降低1.45。这

---

① 由于在 LOGIT 模型中，贫困定义为1，非贫困定义为0，因此 γ_{11} 为负肯定了转移性收入的减贫作用，同时如果其绝对值越大，说明公共服务供给能力越强的地区，转移支付改善贫困的效应越大。

也与个体层面的多维模型结论保持了一致；同时，该家庭所在地区的公共服务供给能力提高，也可以显著加强其改善多维贫困的效果。这与收入贫困分析框架下的结论一致。②进一步分析交互项，发现一个地区公共服务供给能力增强会使转移支付的减贫效应增强，具体来说，如果假设某个家庭获得等额的转移支付收入，则该家庭所在省份的公共服务能力越高，转移支付所带来的多维减贫效应会越明显，即在多维减贫层面，鉴于我国目前实施的转移性支付手段已经较为完善，将视角放在提升地区公共服务水平上会更有意义，这样可以使得同样的转移性收入发挥更大的减贫效应。但是从收入模型来看，人均公共服务支出的增加不会对转移支付的效应产生影响。

四、结论及建议

综上所述，获得转移支付对多维贫困的降低作用更明显，并且公共服务供给能力越强的省份，转移支付收入降低家庭多维贫困的效应也越强。但是，转移支付改善收入贫困的效果不受地区公共服务能力高低的影响。基于以上主要结论和我国贫困现状，我们提出以下两点建议：

第一，继续保持转移支付扶贫手段。就我国目前贫困情况而言，加大转移支付力度仍旧是非常有效的减贫措施。因此不仅要增加政府公共转移支付并且还要鼓励私人转移支付，为贫弱人群提供全面的社会保护；同时，要选择以家庭为落脚点扩大转移支付覆盖面，扶贫到户到人，这也是我国政府最新的"精准扶贫"方略的关键所在。

第二，更有必要提升地区公共服务水平。对于中西部等较落后地区，加强公共服务供给能力能够为政府减贫提供强有力的保障和助力，尤其对于多维贫困而言。在目前包括联合国在内的国际机构都对多维贫困分析框架越来越重视的情况下，要大力提升落后地区全社会的公共服务水平，加大公共服务产品的供应量，改善多维贫困的状况。

附表1：职业类型分类赋值表

赋值	职业类型分类	CHNS 中的职业类型
1	复杂非体力职业	管理者/行政官员/经理（厂长、政府官员、处长、司局长、行政干部及村干部）；高级专业技术工作者（医生、教授、律师、建筑师、工程师）；一般专业技术工作者（助产士、护士、教师、编辑、摄影师）；军官与警官；运动员、演员、演奏员
2	简单非体力职业	办公室一般工作人员（秘书、办事员）；士兵与警察
3	复杂体力职业	技术工人或熟练工人（工段长、班组长、工艺工人等）
4	简单体力职业	非技术工人或熟练工人（普通工人、伐木工等）；司机；服务行业人员（管家、厨师、服务员、看门人、理发员、售货员、洗衣工、保育员）
5	农民	农民

第六章　多视角融合下的减贫分析

第一节　一维与多维视角下贫困关联性研究方法

一、一维与多维贫困比较的意义

由于两种标准所反映的概念内涵不同，因此识别和瞄准的结果有一定差异是正常的。收入贫困的家庭，可能在多维标准下表现为贫困或者不贫困；同理，多维标准下贫困的家庭，在收入标准下也可能贫困或者不贫困。这些不同贫困类型的背后，有什么样的故事呢？如果两个标准下识别的结果差异不大，说明收入贫困的人群也是多维度贫困的人群，他们不仅在收入水平上需要提高，但即使提高了收入，可能在发展能力方面也存在着一定的瓶颈。收入贫困和多维贫困互相作用，那么相应的扶贫政策不仅应该关注收入脱贫，也需要关注多维贫困的改善，注重能力的提高。如果两种标准下所识别的贫困人群有较大差异，那么差异有哪些体现？是什么因素导致了两种标准下贫困家庭识别结果的差异？相关的扶贫政策又该如何制定？

本章将两个标准结合起来，通过覆盖率、漏入率、漏出率等指标，判断两个标准下所识别的贫困家庭有无交叉，分析所识别和瞄准的中国贫困家庭的异同，在此基础上进一步将家庭贫困分为四类，研究背后的致贫因素，并提出相应的政策建议。

将两个标准结合起来进行研究的文献也仅仅出现在近几年内。Nolan 和 Whelan（2011）[①]对欧洲各国的收入贫困和多维非收入贫困进行了区别分析，讨论分析了货币收入和多维贫困之间的静态与动态关系。对越南贫困的研究文

[①]　NOLAN B，WHELAN C. Poverty and deprivation in Europe ［M］. Oxford：Oxford University Press，2011：413-431.

献则相对较为集中。Baulch 和 Masset（2003）[①] 在对越南地区的收入贫困与营养、教育层面维度的贫困进行比较分析时，发现非收入指标的贫困测度方法相比于收入指标测度法，通常所反映的贫困程度更高，也可以更好地反映出贫困问题的持续性。Günther 和 Klasen（2009）[②] 发现，在越南地区，相比于收入贫困测度，营养和教育层面贫困状况的改善较为缓慢。Van Q. Tran 等（2015）[③] 利用越南地区的家庭面板数据对两种标准下贫困群体之间的差异性进行了分析，结果表明，收入贫困群体并不都是多维贫困群体，两种标准所识别的贫困群体重叠率远远低于 50%。同时，相比于多维贫困标准，收入贫困测度结果在时期之间也存在着很大的波动性。一个基本结论为收入贫困和多维贫困之间存在较低的静态相关性，也存在一定程度的动态不匹配性。

此外，其他国家也有一些相关统计数据，如在不丹，12% 的人群处于收入贫困，12.7% 的群体处于多维贫困，3.2% 的人处于双标准下的贫困（NSB-RGOB，2014）[④]；智利的统计数据显示，有 14.4% 的人群处于收入贫困，20.4% 的群体处于多维贫困，5.5% 的人处于双标准下的贫困（Chile MDS，2015）[⑤]。除此之外，还有 Alaq 和 Shlash（2014）[⑥]、Sumarto 和 De Silva（2014）[⑦]、Santos（2015）[⑧] 等人的研究结果都比较了两种贫困分析标准下的异同。这些数据说明收入标准与非收入标准之间的结果总是会存在一定程度的差异性。

———————————

① BAULCH B，MASSET E. Do monetary and nonmonetary indicators tell the same story about chronic poverty? A study of Vietnam in the 1990s [R]. World Development，2003，31（3）：441-453.

② GÜNTHER I，KLASEN S. Measuring chronic non-income poverty [C] // ADDISON T，HULME D，KANBUR R. Poverty dynamics：Interdisciplinary perspectives. Oxford：Oxford University Press，2009.

③ VAN Q TRAN，ALKIRE S，KLASEN S，et al. Static and dynamic disparities between monetary and multidimensional poverty measurement：Evidence from Vietnam [R]. Oxford：OPHI Working paper No. 97，2015.

④ NSB-RGOB. Bhutan：Multidimensional Poverty Index 2012 [M]. Thimphu：National Statistics Bureau，2014.

⑤ CHILE MDS. Situación de la pobreza en Chile：Presentación de la nueva metodología de medición de la pobreza y síntesis de los principales resultados [R]. [S.l.]：Gobierno de Chile，2015.

⑥ ALAQ M，SHLASH A. Iraq human development report 2014：Iraqi youth challenges and opportunities [R]. Iraq Ministry of Planning.

⑦ SUMARTO S，DE SILVA I. Beyond the Headcount：Examining the dynamics and patterns of multidimensional poverty in Indonesia [R]. [S. l.]：Munich Personal RoPEc Archive Papers，2014.

⑧ SANTOS M E，VILLATORO P，MANCERO X，et al. A multidimensional poverty index for Latin America [R]. Oxford：OPHI Working Papers No. 79，2015.

对于中国的研究，笔者查阅到的相关度最高的文献是 Alkire 和 Shen （2015）[1] 的研究。该研究利用中国家庭追踪调查（CFPS）的数据对我国的贫困状况进行了分析，结果显示，中国有 12.6% 的人处于收入贫困，而有 5.5% 的群体处于多维贫困，但在双标准下均为贫困的只占 1.6%。作者又进一步按照收入水平高低分为 5 组，发现多维贫困群体并不都是位于低收入群体中。在多维贫困人口中，大约有 41% 属于收入底层，约有 20.4% 的人属于较低收入或者中等收入组中；约有 7.4% 的人属于较高收入组；大约有 10.9% 的人属于最高收入组。

本书与 Alkire 和 Shen 一文不同之处在于：第一，本书将一维贫困与多维贫困两个标准结合起来，通过不同的贫困识别条件和扶贫条件来计算覆盖率、漏入率和漏出率，来分析瞄准结果的异同。第二，本书在前面识别和瞄准基础上，将家庭贫困分为 4 类，并考察了 4 类家庭的致贫因素，使得分析过程更加完整。而 Alkire 和 Shen 一文的分析相对简单，缺乏对致贫因素的分析。

二、一维与多维标准下贫困识别结果关联性分析

（一）覆盖率、漏入率与漏出率指标

在研究贫困瞄准性的文献中，我们可以借鉴假设检验中的一型错误与二型错误的提法，来分析贫困瞄准的准确性。在贫困分析中，一型错误可以理解为漏入错误，即错误地包含了本是非贫困人口却被认定为贫困的人口；二型错误可以理解为遗漏错误，即错误地未包括本是贫困却被认定为非贫困的人口。

本书主要研究在两个标准下贫困瞄准的差异，因此我们设计了覆盖率、漏入率和漏出率这样的指标，来反映在两个标准下识别的贫困人口的异同。覆盖率表示在 A 标准下是贫困的家庭[2]，在 B 标准下也是贫困家庭的比例。漏入率表示在 A 标准下，本来不是贫困的家庭，在 B 标准下被认定为贫困的比率，反映的是犯一型错误的比率；漏出率则表示在 A 标准下，本来是贫困的家庭，在 B 标准下不被认定为贫困的比率，即二型错误的比率。在实际计算时，我们区分了贫困识别条件和扶贫条件两个概念，具体来说就是：如果以收入贫困为贫困的识别条件，以多维贫困为贫困的扶贫目标，若收入贫困标准下识别出的贫困家庭为 x 户，多维贫困标准下识别出的贫困家庭户为 y 户，在两个标准下都被定义为贫困的家庭户为 z 户，则 z 为 x 和 y 的交集。覆盖率指在两个标准

---

① ALKIRE S, SHEN Y. Exploring multidimensional poverty in China ［R］. Oxford：OPHI Working Paper, 2015：1-15.

② 本书对贫困的分析是在家庭层面进行的。

下均被识别为贫困的家庭占多维贫困家庭的比例，即为 z/y，漏入率为 $[(x-z)/y]$，漏出率则为 1-漏入率。同理，我们还可以以多维贫困为贫困的识别条件，以收入贫困为贫困的扶贫目标，来计算覆盖率、漏入率和漏出率，则覆盖率、漏入率的计算分别为：z/x，$[(y-z)/x]$。通过这些指标来看两个标准下贫困识别的异同。

（二）贫困识别方法

收入标准下主要根据贫困线来确定一个家庭是否贫困，然后计算贫困发生率等指标。多维标准下贫困的识别是根据双临界值法来确定一个家庭是否贫困，即首先对单个指标设定临界值来判断一个家庭是否贫困，然后再汇总所有指标，给定一个临界值，判断一个家庭是否贫困。

收入贫困的识别依据包括相对贫困线和绝对贫困线。相对贫困线有很多种划分方法，如采用收入中位数的 50%等方法来确定贫困。绝对贫困线有国际机构提出的贫困线，如每人每日 1 美元、1.25 美元、1.5 美元、1.9 美元、2 美元等标准，这些标准在多个时期分别被采用过。在具体执行中，各个国家又有自己的贫困线标准。

由于国家层面的贫困标准较低，并且只给出一个笼统的标准，没有考虑地区和城乡差异，因此我们按照最新的 2018 年各省城乡最低生活保障标准来确定贫困线，标准来源于民政部，具体如表 6-1 所示[①]。

多维贫困标准下，我们主要根据联合国的千年发展纲要和联合国 MPI 指数并参照之前的研究（高艳云 等，2012[②]，2013[③]，2016[④]）和 CFPS 的数据情况采用如下五个指标进行多维贫困的测度及分析。在贫困识别时，我们将两个及以上指标存在贫困的情形界定为多维贫困[⑤]。

---

① 由于第三节涉及宏观和微观数据的匹配，本章我们统一利用最新的 2018 年度数据。

② 高艳云. 中国城乡多维贫困的测度及比较 [J]. 统计研究，2012，29（11）：61-66.

③ 高艳云，马瑜. 多维框架下中国家庭贫困的动态识别 [J]. 统计研究，2013，30（12）：89-94.

④ 高艳云，王曦璟. 教育改善贫困效应的地区异质性研究 [J]. 统计研究，2016，33（09）：70-77.

⑤ 我们在构造指标时，将教育、健康和生活条件称为 3 个方面，每个方面之下有具体的指标。多维贫困是一个笼统的概念，按照30%的标准我们在本书中将在 2 个维度上存在贫困称为多维贫困。2018 的数据库中删掉了一些过去调查年份中提供的数据，剩余 5 个指标。

表 6-1　按照 2018 年最低生活保障标准确定的收入贫困线

单位：元/年

省份	贫困标准		省份	贫困标准	
	城市	农村		城市	农村
北京	12 000	12 000	山东	6 267	4 324
天津	10 860	10 860	河南	5 831	3 554
河北	7 158	4 270	湖北	7 155	5 148
山西	5 885	3 974	湖南	5 558	3 967
辽宁	6 944	4 492	广东	8 652	6 783
吉林	6 012	3 846	广西	6 686	3 600
黑龙江	6 660	3 894	重庆	6 276	4 636
上海	12 540	12 540	四川	5 960	3 883
江苏	7 969	7 455	贵州	7 046	4 079
浙江	8 897	8 750	云南	6 484	3 492
安徽	6 626	5 195	陕西	6 523	3 897
福建	7 253	6 608	甘肃	5 798	3 926
江西	6 905	4 099			

资料来源：民政部网站公布的各省城市和农村最低生活保障标准。

　　将两个标准结合起来看，贫困的识别结果如表 6-2 到表 6-5 所示。2018 年收入贫困标准下总体贫困率为 13.50%。从多维贫困来看，在 3 个指标标准下，总体贫困率为 0.84%，5 个指标全部存在贫困（即非常极端贫困情形）发生率非常低。

表 6-2　2018 年收入标准下贫困的识别

	收入贫困标准		
	农村	城市	总体
贫困户（户）	1 160	729	1 889
贫困率（%）	17.20	10.05	13.50

表 6-3　2018 年不同收入分位点下多维贫困识别结果

收入分位点	1 维贫困		3 维贫困		5 维贫困（极端贫困）	
	多维贫困户（户数）	贫困率（%）	多维贫困户（户数）	贫困率（%）	多维贫困户（户数）	贫困率（%）
最低 25%	3 306	58.93	103	1.84	1	0.02
中下 25%	2 313	41.17	45	0.80	0	—
中上 25%	1 469	25.06	27	0.46	0	—
最高 25%	745	13.13	13	0.23	0	—

（三）贫困瞄准结果异同

在双标准下，家庭贫困可以分为四类：收入贫困与多维贫困类型（双贫困型）、双标准下均不贫困类型（双非贫困型）、收入贫困而多维不贫困类型（收入贫困型）、多维贫困而收入不贫困类型（多维贫困型）。家庭贫困的分布及瞄准结果如表 6-4 所示。

表 6-4　2018 年四分类法下的家庭贫困分布

	户数（户）	比例（%）
双贫困型	353	1.57
收入贫困型	2 541	11.32
多维贫困型	1 162	5.18
双非贫困型	18 388	81.93

表 6-5　2018 年贫困瞄准分析

瞄准指标	收入贫困为识别条件，多维贫困为扶贫条件下的瞄准	多维贫困为识别条件，收入贫困为扶贫条件下的瞄准
覆盖率	30.4%	13.9%
漏出率	−88.3%	68.2%
漏入率	188.3%	31.8%

从表 6-5 可以看出，如果双贫困家庭占比越高，即两个标准下所识别的越一致，所识别的交集越大，瞄准的覆盖率就越高。这样不管在哪种贫困识别条件下，贫困瞄准程度均较高；如果两个标准下所识别的结果差异越大，就会导致漏入率越大。以收入贫困为识别条件，以多维贫困为扶贫条件，覆盖率为30.4%，说明 30.4% 的家庭是双贫困家庭；本该被扶贫的家庭，因为在收入标

准下被界定为非贫困的家庭漏出率为-88.3%，漏入率为188.3%；以多维贫困为识别条件，以收入贫困为扶贫条件，覆盖率为13.9%，漏出率为68.2%，漏入率为31.8%。

不同的漏出率、漏入率等指标反映了两个标准下所识别结果的差异。从上面我们可以看出，两个标准下所识别的贫困家庭差异较大。同时，就2维贫困来看，其不仅仅在低收入层次上存在多维贫困，在相对高收入层次上也存在贫困。也就是说收入贫困与多维贫困存在一定的关联，但二者不是完全同步的。那么什么因素导致了这些贫困家庭的不同类型呢？不同类型的贫困背后致贫因素有哪些差异？

第二节　一维与多维视角下致贫因素对比

一、致贫因素的理论分析

从理论上来说，我们认为影响一个家庭贫困类型的因素既有微观因素，又有宏观因素。从微观层面来看，我们在选取变量的时候主要要考虑影响收入水平的因素，因为收入直接影响到一维贫困的识别结果。教育作为一种重要的人力资本，应该是影响一个人或者一个家庭收入的重要因素，换句话说就是教育是一种重要的有助于人脱贫的人力资本。此外我们还考虑了户主的年龄、性别等因素。考虑到年龄对收入及贫困的非线性影响，我们纳入了年龄平方项来表示。总体来看，我们主要从人力资本角度出发来设定影响贫困的微观因素，这些因素是影响收入的重要因素。

由于我们考虑了两种贫困识别标准，因此我们还纳入了一些宏观因素，如一个家庭所处地区的区域性因素、所在地区的经济发展状况等因素。从理论上来说，这些因素对多维贫困的影响更直接一些。

由于多维贫困与收入贫困的致贫因素不完全相同，尤其是多维贫困的致贫因素可能更多的是由于宏观层面公共产品的缺失所导致，因此我们在实证分析中，将考察对不同类型的贫困家庭来说各有哪些因素会产生显著影响。

表6-6给出了根据收入贫困标准和2维贫困下识别出的四类家庭的一些描述统计。根据描述统计结果来看，这些指标在不同贫困类别之间有一定的差异，如户主的受教育程度在四种贫困类型之间存在一定差异，尤其是双非贫困类型家庭的平均受教育程度最高。此外，家庭规模等变量在四类贫困之间也存在着一定的差异。

表 6-6　基本变量描述统计

贫困类型	教育（年）	户主平均年龄	城乡比例	家庭规模（人）
双贫困类型	2.31	36.33	0.20	5.18
收入贫困类型	4.25	33.38	0.40	4.56
多维贫困类型	2.37	34.54	0.18	4.78
双非贫困类型	4.51	31.94	0.54	4.09

根据相关理论分析，将模型表述为如下：

$$y = \beta_0 + \beta_1 X_1 + \beta_2 X_2 + u \qquad (6-1)$$

其中，y 表示家庭贫困的 4 分类结果，在分析中将双非贫困类型家庭作为参照；X_1 表示微观影响因素，包括家庭平均受教育程度、户主年龄、年龄平方、户主性别，X_2 表示相对宏观影响因素，包括所处地区、所处地区的经济水平，用人均 GDP 来表示。

二、多项 LOGIT 模型实证分析结果

从变量的基本描述统计来看，这些变量与贫困类型之间的关系并不相同，值得我们继续使用多项 LOGIT 模型，来研究不同贫困类型背后致贫因素的差异。

表 6-7 汇报了 2 维贫困和第二种收入贫困双标准下，3 类不同家庭背后的致贫因素。双非贫困情形下的多项 LOGIT 模型结果没有列出。宏观变量考虑了代表不同地区的区域划分和代表不同经济实力的人均 GDP。

表 6-7　多项 LOGIT 回归结果

自变量	$y = 1$（双贫困型）	$y = 2$（仅收入贫困型）	$y = 3$（仅多维贫困型）
教育	-0.56 ***	-0.04 ***	-0.53 ***
年龄	-0.14 ***	-0.07 ***	-0.08 ***
年龄平方	0.002 ***	0.001 ***	0.000 9 ***
家庭规模	0.12 ***	0.23 ***	0.002
城乡（以农村为参照）	-1.11 ***	-0.23 ***	-1.10 ***
地区（以东部地区为参照）			
地区 2	-0.33	-0.77 ***	0.16

表6-7(续)

自变量	$y=1$ (双贫困型)	$y=2$ (仅收入贫困型)	$y=3$ (仅多维贫困型)
地区3	0.47 *	−0.33 ***	0.76 ***
地区4	−0.64	−0.41 ***	0.03
所处地区人均GDP	−9.05e−06	−1.12e−05 ***	−7.23e−07

注:***、**、*分别表示在1%、5%、10%的显著性水平下统计显著。

从回归结果来看,以双非贫困类型为参照,有如下几点结论:

第一,无论对于哪一种贫困,受教育水平仍然是一个显著的影响因素。三个回归结果均显示,以双非贫困为参照,随着受教育程度的提高,这三种贫困的概率均会显著降低。从系数的绝对值来看,首先会显著降低成为双贫困家庭的概率,其次会降低成为多维贫困类型的概率。这从另一个角度也说明对于双贫困家庭来说,受教育是重要的影响因素。

第二,从微观因素来看,户主年龄及其非线性项、家庭规模等变量在大多数情况下较为显著。户主年龄和年龄平方也表现出了随着年龄的上升会显著降低家庭落入两种贫困的概率,但是年龄太大这种影响就会变为消极影响。家庭规模较大,容易使家庭陷入贫困,尤其是成为收入贫困的概率最大。

第三,从宏观因素来看,城乡变量所反映的信息值得我们关注。三种贫困类型与双非贫困类型之间相比,农村家庭比城市家庭有更大的概率成为各类贫困类型家庭。并且所处城乡类型对成为多维贫困类型和双贫困类型的影响都较收入贫困类型大,这与多维贫困是反映多个指标上的贫困有关,尽管某些农村居民的收入水平增长较快,但整体上农村各项基础设施建设和公共服务供给都较为落后,因此会更容易落入多维贫困。这也说明收入贫困与多维贫困不完全是同步对等的,我们不应厚此薄彼地看待两种贫困。从地区发展水平的数据来看,代表经济实力的人均GDP在第二种贫困类型下是显著的,从第一和第三类型贫困的系数没有通过检验,这表明地方经济实力越强,发展水平越高,越不容易成为收入贫困类型,但是如果在多维贫困扶贫标准下,应该更加关注整体公共产品供给,不能只关注经济发展。

三、总结

本书在贫困双标准下,通过对贫困识别和瞄准的关联性及致贫因素的差异进行了研究,可以得到如下几点结论:

第一,收入贫困标准与多维贫困的识别结果均有差异,二者并不完全同步关联。多维贫困并不仅仅存在于低收入组，也存在于高收入组。

第二，从致贫因素来看，一个很重要的结论是：一个家庭所处的宏观环境对于多维贫困的影响更大一些。也就是说如果我们要从多维贫困的角度来扶贫，不仅要注重提高收入，也要注重地区公共产品供给。

第三，如果按照深层次的扶贫理念，即从能力扶贫的标准来看，收入贫困识别方法有所单薄。我们应该将两种贫困标准结合起来看，在用收入标准识别贫困的同时，兼顾多维贫困指标。在制定精准扶贫的实践中，贫困识别的维度可以立体化、全面化。目前在很多地区，精准扶贫开始关注到了住房、生活条件等一些指标，在以后的贫困识别和扶贫实践中，还可以再完善补充一些贫困的其他方面。

第三节　宏微观数据融合下的贫困分析

一、宏观与微观分析相结合的视角

利用微观调查数据，我们可以分析一个家庭贫困的程度、变动及其原因，也可以得出一个地区或者国家总体的贫困程度。同时，一些宏观调查数据也可以帮助我们勾勒出一个地区或者一个国家的发展程度。

那么，微观与宏观层面上的数据信息能否保持一致？这其中一个重要的因素就是收入分配。宏观层面上的发展成果是否能够很好地被微观个体所分享，是决定一个地区或国家微观贫困改善与宏观经济发展相匹配的重要因素。

中国发展的一个显著特征就是地区间的不平衡，各地区在社会发展水平和贫困程度上都存在巨大的差异。一般来说，社会发展水平较高的地区贫困程度会比较低，而经济社会发展不充分的地区贫困水平会相对较高，二者应该是一种线性、匹配的关系。但是，在实际的社会发展过程中并非完全如此，地区发展与贫困之间的关系呈现出多样性。除了常规的"高发展低贫困"和"低发展高贫困"模式外，还存在社会发展水平较高却饱受贫困问题困扰的地区，也存在发展水平低但保持了较低贫困程度的地区。这说明高发展地区不一定就能自动消除贫困；而低发展地区也可以实现贫困的有效治理。从减贫的角度来说，"高发展高贫困"是一种较差的状态，挖掘其形成原因并进行有效的贫困治理是这类地区的当务之急；而"低发展低贫困"地区能够在发展水平较低的情况下保持较低的贫困水平，是社会发展不充分的地区应该努力的方向。所以，寻找这种不匹配现象形成的原因，明确不同类型的地区实现减贫脱贫的关键就显得尤为重要。

毋庸置疑，地区的贫困程度是与社会发展水平相关的，但是相同的社会发展水平下，如果社会发展改善贫困的作用力不同，长久积累下就会形成地区贫困程度的差异。很多学者从经济增长、不平等和贫困三者的关系出发，研究收入分配的不平等程度对经济增长减贫作用的影响。Ravallion（2001）[1]、Amini等（2016）[2] 等建立计量模型估计贫困率对经济增长和不平等的弹性系数，证明不平等对贫困的减少以及经济增长的减贫效应存在负面的影响。Datt 和Ravallion（1992）[3]、林伯强（2003）[4] 等则将贫困的减少分解为增长效应和分配效应，论证了不平等对经济增长减贫作用的削弱。但是这些研究忽略了贫困地区对收入分配有重要影响的一环——扶贫政策（张伟宾 等，2013）[5]。扶贫政策的重要工具就是政府财政的支出，国内学者对各类政府支出的减贫效果和作用机制进行了很多探讨，黄清峰（2013）[6]、刘一伟（2017）[7] 等研究都证明了政府财政的社会保障支出、救济支出对贫困减少的显著影响。随着多维贫困理论的发展，公共服务的可达性和公共服务支出也受到重视，王曦璟 等（2017）[8] 通过 CHNS 数据的分析认为地区公共服务支出的增加可以显著降低家庭的多维贫困概率。也有部分学者注意到政府财政支出减贫效果的地域差异，比如李盛基（2014）[9]、陶爱萍 等（2015）[10]，但这类研究大多是通过地理位置进行省份的分类，缺乏根据贫困水平和社会发展水平进行的比较研究。

---

① RAVALLION M. Growth, inequality and poverty: Looking beyond averages [J]. World Development, 2001, 29（11）: 1803-1815.

② AMINI C, BIANCO S D. Poverty, growth, inequality and pro-poor factors: New evidence from macro data [J]. Journal of Developing Areas, 2016, 50（2）: 231-254.

③ DATT G, RAVALLION M. Growth and redistribution components of changes in poverty measures: A decomposition with applications to Brazil and India in the 1980s [J]. Journal of Development Economics, 1992, 38（2）: 275-295.

④ 林伯强. 中国的经济增长、贫困减少与政策选择 [J]. 经济研究, 2003（12）: 15-25, 90.

⑤ 张伟宾, 汪三贵. 扶贫政策、收入分配与中国农村减贫 [J]. 农业经济问题, 2013, 34（2）: 66-75, 111.

⑥ 黄清峰. 社会保障支出与农村贫困减少动态关系的实证检验 [J]. 统计与决策, 2013（19）: 102-104.

⑦ 刘一伟. 社会保障支出对居民多维贫困的影响及其机制分析 [J]. 中央财经大学学报, 2017（7）: 7-18.

⑧ 王曦璟, 高艳云. 地区公共服务供给与转移支付减贫效应研究: 基于多维贫困分析框架 [J]. 财经理论与实践, 2017, 38（2）: 92-98.

⑨ 李盛基. 中国农村财政支出的减贫作用机制及效果研究 [D]. 长春: 东北师范大学, 2014.

⑩ 陶爱萍, 班涛, 张淑安. 地方财政支出减贫效应的省际差异比较——基于中部五省经验数据的分析 [J]. 华东经济管理, 2015, 29（7）: 64-70.

总的来说，经济发展水平、收入不平等程度和政府财政支出对贫困水平的影响都是得到学术界认可的，但是这些影响在不同地区之间的差异，以及这些差异如何一步步影响地区的贫困水平和发展模式，最终形成地区发展和贫困的不同匹配模式，是需要进一步系统研究的问题。本书根据中国各地区社会发展与贫困水平的匹配将不同的省市划分为"高发展高贫困""低发展高贫困""低发展低贫困"和"高发展低贫困"四个类型，通过各因素对贫困的影响差异分析了各类型地区形成的原因。根据笔者的查阅，目前的文献中尚没有这样的思路。这一问题的解决可以明确不同类型地区贫困治理的关键因素，制定各自更加符合实际的减贫政策。本节也将分析的视角扩展到能力理论，从健康、教育和生活水平方面考察社会的多维贫困和多维发展，得到更加综合的结论。

二、基于象限法测度匹配性

（一）相关分析指标

传统对贫困的识别和测度主要以个体或家庭收入为对象，将收入水平低于贫困线的家庭或个体识别为贫困，以收入水平在贫困线之下的个体或家庭比率作为测度贫困水平的指标。本书根据中国家庭追踪调查（CFPS）2010 年和2014 年的家庭数据，以家庭人均年收入为口径[①]，计算调查涉及的 25 个省份[②]的收入贫困率。

传统一维视角对社会发展水平的测度主要是基于经济发展水平，主要是以经济发展指标为标准，通过货币来度量地区的收入和经济水平。本书一维视角对地区社会发展水平的测度选择传统的经济水平指标——人均 GDP，数据来源于对应年度的《中国统计年鉴》。

多维视角的贫困采用的是 MPI 测度，社会发展水平指标选择人类发展指数 HDI，这也是联合国开发计划署对全球人类发展进程进行测度和对比的重要指标。HDI 从教育、健康和生活水平 3 个维度来考察社会成员的福利水平，3个维度的指标包括平均上学年数、期望上学年数、平均期望寿命、人均 GNI；以地区的平均指标合成综合指数来反映地区人类发展水平。由于公开数据中省级的人均 GNI、预期受教育年限等指标难以获得，直接计算各省的 HDI 存在困难，本书使用的 HDI 数据来源于《中国人类发展报告 2013》[③] 和《中国人类

---

① 考虑到中国地区间发展的不平衡性，各地的物价水平、生活成本存在巨大差异，全国统一的贫困线标准并不能准确反映各地的贫困程度，本书将贫困线设为民政部划定的各省城乡最低生活保障标准，数据来源于民政部网站。

② 不包括内蒙古、海南、西藏、青海、宁夏和新疆。

③ 由联合国开发计划署驻华代表处和中国社会科学院城市发展与环境研究所共同撰写。

发展报告 2016》①，分别选取了其中 2010 年和 2014 年的省际 HDI 测度结果。

各地社会发展、贫困水平测算结果的基本描述统计如表 6-8 所示，可以发现，省份之间在社会发展和贫困指标上是存在很大差异的，各指标的最大值和最小值之间会相差数倍，地区间的社会发展和贫困状况都存在很大的不平衡性。

表 6-8　社会发展、贫困指标的基本描述统计

	视角和指标	年份	样本量	均值	标准差	最小值	最大值
贫困水平测度	一维视角下的收入贫困率	2010 年	25	0.114	0.046	0.039	0.218
		2014 年	25	0.161	0.060	0.051	0.275
	多维视角下的 MPI	2010 年	25	0.104	0.058	0.013	0.224
		2014 年	25	0.056	0.030	0.009	0.115
社会发展水平测度	一维视角下的人均 GDP（万元）	2010 年	25	3.479	1.829	1.312	7.607
		2014 年	25	5.247	2.348	2.643	10.523
	多维视角下的 HDI	2010 年	25	0.702	0.056	0.598	0.821
		2014 年	25	0.755	0.051	0.668	0.869

（二）基于匹配性的地区类型划分

地区类型的划分是基于地区发展水平和贫困水平的高低及其匹配性。我们根据划分标准将发展水平分为高、低两类；贫困水平亦然。我们提出象限分析法，即在一个以发展指标为横轴、贫困指标为纵轴的二维空间就可以将样本分为四个象限，从第一到第四象限分别对应四种模式：Ⅰ 高发展高贫困、Ⅱ 低发展高贫困、Ⅲ 低发展低贫困和 Ⅳ 高发展低贫困。

关于划分标准的选择，根据世界银行和联合国关于收入水平和 HDI 的划分标准②，我国绝大部分省份都处于中等发展水平，很难对省份间的差异进行有效的划分，而贫困水平的高低也缺乏统一的标准。本书关注的是中国各个省份之间的差异，所以这里将划分社会发展和贫困水平高、低的标准设定为对应年度各省的平均水平，测度指标高于平均值则被划分为高的发展水平、贫困水平，反之亦然。

---

① 由联合国开发计划署驻华代表处和国务院发展研究中心共同撰写。

② 世界银行 2017 年 7 月公布的最新标准为人均收入低于 1 005 美元为低收入水平，1 006~3 955 美元为中等偏低收入水平，3 956~12 235 美元为中等偏高收入水平，大于 12 235 美元为高收入水平。联合国开发计划署对 HDI 的划分标准为低于 0.5 是低人类发展水平，0.5~0.8 为中等人类发展水平，0.8~1 为高人类发展水平。

一维视角将人均 GDP 和收入贫困率进行匹配，可以将 2 个年度的 25 个样本省份根据 HDI 和 MPI 的分类结果划分为 I 高发展高贫困、II 低发展高贫困、III 低发展低贫困和 IV 高发展低贫困四类。类似的，多维视角以 HDI 和 MPI 进行匹配，也可以得到四种类型的分类。表 6-9 和表 6-10 分别列出了一维视角和多维视角下各省发展模式的划分结果。可以看到，多维视角和一维视角的分类结果并不完全一致，比如在多维视角下，山西、河南、湖南等发展程度较低的中部省份的贫困水平属于较低的类型，是低发展低贫困的类型，但是在一维视角下，这些省份的贫困率却是比较高的，属于常规的低发展高贫困类型，说明这些地区底层人口的收入不一定高于贫困线但公共服务的可达性较好，实现了多维视角上的脱贫。

表 6-9　一维视角下的地区类型划分结果

I 高发展高贫困	2010 天津；2010 江苏；2010 山东；2010 广东；2014 辽宁；2014 山东；2014 广东
II 低发展高贫困	2010 河北；2010 山西；2010 重庆；2010 四川；2010 贵州；2010 陕西；2014 河北；2014 山西；2014 安徽；2014 江西；2014 广西；2014 重庆；2014 四川；2014 贵州；2014 云南；2014 甘肃
III 低发展低贫困	2010 吉林；2010 黑龙江；2010 安徽；2010 江西；2010 河南；2010 湖北；2010 湖南；2010 广西；2010 云南；2010 甘肃；2014 吉林；2014 黑龙江；2014 河南；2014 湖北；2014 湖南；2014 陕西
IV 高发展低贫困	2010 北京；2010 辽宁；2010 上海；2010 浙江；2010 福建；2014 北京；2014 天津；2014 上海；2014 江苏；2014 浙江；2014 福建

表 6-10　多维视角下的地区类型划分结果

I 高发展高贫困	2010 福建；2010 广东；2014 福建；2014 山东；2014 广东；2014 重庆；2014 陕西
II 低发展高贫困	2010 安徽；2010 江西；2010 河南；2010 广西；2010 重庆；2010 四川；2010 贵州；2010 云南；2010 甘肃；2014 安徽；2014 江西；2014 广西；2014 四川；2014 贵州；2014 云南；2014 甘肃
III 低发展低贫困	2010 河北；2010 山西；2010 湖南；2014 河北；2014 山西；2014 河南；2014 湖南
IV 高发展低贫困	2010 北京；2010 天津；2010 辽宁；2010 吉林；2010 黑龙江；2010 上海；2010 江苏；2010 浙江；2010 山东；2010 湖北；2010 山西；2014 北京；2014 天津；2014 辽宁；2014 吉林；2014 黑龙江；2014 上海；2014 江苏；2014 浙江；2014 湖北

三、社会发展与减贫的不匹配现象分析

(一) 研究方法与思路

根据社会发展水平和贫困水平匹配分类的结果可以发现，虽然"低发展高贫困"和"高发展低贫困"是大部分地区的发展模式，但是仍有不少样本落入了"高发展高贫困"和"低发展低贫困"的类型，社会发展水平提高和贫困程度降低的匹配性确实在地区间存在很大的差异。上文已经提到，从减贫的角度来说，I 类"高发展高贫困"是一种较差的状态，而 III 类"低发展低贫困"类型则实现了较好的减贫效果，那么地区贫困与社会发展水平不匹配现象形成的原因何在呢？本书实证分析的目的在于：①挖掘 I 类地区贫困水平居高不下的负面原因，寻找其实现有效减贫的关键切入点；②分析 III 类地区保持低贫困水平的正面原因，为低发展高贫困地区的减贫工作汲取经验。

这一问题的分析可以从贫困的影响因素入手，各因素的水平及其对贫困的影响力度都一定程度上决定着地区的贫困水平，而他们在地区间的差异逐渐导致了社会发展过程中贫困水平及其与社会发展水平匹配性的差异。所以，可以考虑建立关于贫困水平的计量模型，量化包括社会发展水平在内的影响因素对地区贫困水平的影响及其在不同类型地区间的差异。这就需要建立一个以地区贫困水平为因变量、以社会发展水平和其他减贫因素为自变量、在地区类型间变系数的计量模型，特别是要讨论 I 类地区和 III 类地区的系数与常规的 II、IV 类地区系数的差异。

本书考虑的减贫因素包括地区的发展水平、收入不平等程度和地方政府财政支出。过去的扶贫工作更多的是针对收入贫困进行的直接转移支付和物质补贴，比较重视社保支出的扶贫功能，而随着多维贫困理念得到越来越多认可，扶贫减贫工作需要从基本生活设施和公共服务方面来改善贫困人口的生活能力，更加需要政府在公共产品、公共服务方面的投资，这里将地方政府的社会保障支出和公共服务支出都引入模型中。地区贫困水平的决定方程可以表述为：

$$\text{poverty}_{it} = \beta_0 + \beta_1 \text{devlp}_{it} + \beta_2 \text{gini}_{it} + \beta_3 \text{security}_{it} + \beta_4 \text{public}_{it} + \alpha_i + \varepsilon_{it}$$

$$(6-2)$$

本书的实证数据是 25 个省份 2 个年份的面板数据，式 (6-2) 中脚标 i 和 t 分别表示地区和年份，α_i 表示地区的个体效应。在回归分析之前，需要对个体效应及其形式进行检验，选择恰当的模型形式，包括混合回归、个体固定效应和个体随机效应。

这里用同样的模型设定分别进行了一维和多维视角的分析，在一维视角下，poverty 表示地区收入贫困率、devlp 表示地区人均 GDP；多维视角下，poverty 表示地区 MPI 指数、devlp 表示地区 HDI 指数。此外，gini 为代表收入不平等程度的基尼系数，security 表示地方财政的社会保障和就业支出（以下简称社会保障支出），public 表示地方财政的公共服务、医疗卫生、教育和城乡社区事务支出（以下简称公共服务支出）。

为了分析各减贫因素对贫困的影响在地区类型间的差异，我们进一步在模型中以乘法形式引入地区类型的虚拟变量，实现估计结果在地区类型间的变系数。首先，我们以 II、IV 类地区为基准组，引入 I 类和 III 类地区的虚拟变量 P^1、P^3 和地区社会发展水平的交互项，模型形式为：

$$\text{poverty}_{it} = \beta_0 + \gamma_0 \text{devlp}_{it} + \gamma_1 \text{devlp}_{it} \times P_{it}^1 + \gamma_3 \text{devlp}_{it} \times P_{it}^3 +$$
$$\beta_2 \text{gini}_{it} + \beta_3 \text{security}_{it} + \beta_4 \text{public}_{it} + \alpha_i + \varepsilon_{it} \qquad (6\text{-}3)$$

在引入虚拟变量后，devlp 的系数 γ_0 不再表示各类地区整体的回归系数，而是基准组 II、IV 类地区的系数。对于 I 类地区，社会发展水平对贫困水平的影响系数为（$\gamma_0 + \gamma_1$），III 类地区的系数为（$\gamma_0 + \gamma_3$）。这样就捕捉到了经济社会发展水平对贫困的影响效应在地区类型间的差异，虚拟项系数显著就说明 I、III 类地区与基准组地区相比在回归系数上存在显著差异。这种差异体现了社会发展成果在人群中的分配结果，系数绝对值越大，说明贫困人口越好的分享了发展的成果，社会的整体发展可以越好的减少贫困；而系数绝对值越小的地区越应该注重穷人对发展成果的分享，提高社会经济发展的减贫作用。

类似地，再加入收入分配因素和地方财政支出因素与地区类型交互的虚拟项，得到他们的变系数结果，如式（6-4）到（6-6）所示。基尼系数回归系数的差异体现了地区贫困水平对收入分配不平等程度的敏感性。财政支出系数的差异反映了当地的财政支出政策是否偏向穷人的，影响越大说明该地区的财政支出更加重视缩小贫富差距、改善穷人生活环境；系数较小的地区则应该调整财政资金的投入方向，使财政支出更多地倾向于穷人，才能实现有效的减贫。

$$\text{poverty}_{it} = \beta_0 + \gamma_0 \text{gini}_{it} + \gamma_1 \text{gini}_{it} \times P_{it}^1 + \gamma_3 \text{gini}_{it} \times P_{it}^3 +$$
$$\beta_1 \text{devlp}_{it} + \beta_3 \text{security}_{it} + \beta_4 \text{public}_{it} + \alpha_i + \varepsilon_{it} \qquad (6\text{-}4)$$

$$\text{poverty}_{it} = \beta_0 + \gamma_0 \text{security}_{it} + \gamma_1 \text{security}_{it} \times P_{it}^1 + \gamma_3 \text{security}_{it} \times P_{it}^3 +$$
$$\beta_1 \text{devlp}_{it} + \beta_2 \text{gini}_{it} + \beta_4 \text{public}_{it} + \alpha_i + \varepsilon_{it} \qquad (6\text{-}5)$$

$$\text{poverty}_{it} = \beta_0 + \gamma_0 \text{public}_{it} + \gamma_1 \text{public}_{it} \times P_{it}^1 + \gamma_3 \text{public}_{it} \times P_{it}^3 +$$
$$\beta_1 \text{devlp}_{it} + \beta_2 \text{gini}_{it} + \beta_3 \text{security}_{it} + \alpha_i + \varepsilon_{it} \qquad (6\text{-}6)$$

这里之所以没有在同一个模型中一次性引入所有因素的地区虚拟项，实现所有因素的变系数结果，主要是考虑模型自由度的要求。由于 HDI 数据来源的限制，本书的样本量比较小，因此需要尽量减少模型估计参数的个数采用分别引入虚拟项的方式，我们通过多次回归来获得每个因素的变系数结果。

（二）实证分析

1. 一维视角下的实证分析

表 6-11 是一维视角下经济水平、收入不平等和地方政府的社会保障、公共服务支出比重对贫困率的回归结果。模型（1）先从总体上验证了各因素对地区收入贫困率的影响，模型（2）-（5）再分别引入了各因素与地区类型交互的虚拟项，分析他们在不同地区间的作用差异。整体来看，地区的经济发展水平和收入不平等状况都对收入贫困率存在非常显著的影响，经济发展水平的提高有助于降低贫困率，而不平等程度的提高会增加贫困。地方财政的社会保障支出比重对地区贫困率也有一定影响。

根据交互项的回归结果，Ⅰ类高发展高贫困地区与各因素交互项的系数都显著为正，其经济发展水平对贫困水平的负向影响较小，对应的，基尼系数对贫困率的正的影响系数显著大于其他地区，这说明Ⅰ类地区经济发展带动贫困减少的作用较小，贫困的最大影响因素是收入不平等程度。财政支出因素对Ⅰ类地区的贫困反而存在正的影响，即公共财政在社会保障和公共服务方面的重视非但没有起到调节收入差距、改善穷人生存条件的作用，反而导致了贫困的进一步增加，该类型地区地方财政的支出政策并不利于减贫。

与Ⅰ类地区相反，Ⅲ类低发展低贫困地区的各个交互项均显著为负。与常规的Ⅱ、Ⅳ类地区相比，Ⅲ类地区经济发展水平提高对降低贫困水平的作用更大而收入不平等程度的作用更小，说明该类地区对发展成果的分配是比较益贫的，穷人能够更多地从发展中获利，实现贫困率的降低。财政支出方面，财政社会保障和公共服务支出比重对贫困率的影响都显著为负，政府财政对社会保障和公共服务的重视有助于增加穷人收入，促进贫困率的进一步降低。

表 6-11　一维视角下贫困率的回归结果

	（1）	（2）	（3）	（4）	（5）
人均 GDP	-0.015 ***	-0.017 ***	-0.018 ***	-0.018 ***	-0.016 ***
基尼系数	0.482 ***	0.511 ***	0.471 ***	0.438 ***	0.473 ***
社会保障支出占比	-0.006 *	-0.002	-0.001	-0.001	-0.000 7
公共服务支出占比	-0.006	-0.005	-0.006 *	-0.006 *	-0.000 5

表6-11(续)

	（1）	（2）	（3）	（4）	（5）
人均GDP#地区类型 I		0.008**			
III		−0.014***			
基尼系数#地区类型 I			0.070**		
III			−0.120***		
社保支出#地区类型 I				0.003**	
III				−0.005***	
公共服务#地区类型 I					0.000 7**
III					−0.002***
常数项	0.062	0.008	0.035	0.058	0.077
个体效应	未控制	未控制	已控制	已控制	未控制
N	50	50	50	50	50
R^2	0.419	0.638			0.700
Wald chi^2			106.42	98.671	
模型形式	混合回归	混合回归	随机效应	随机效应	混合回归

注：***、**、*分别表示在1%、5%、10%的显著性水平下统计显著。

2. 多维视角下的实证分析

表6-12是多维视角下HDI、基尼系数和地方财政的社会保障、公共服务支出比重对MPI的回归结果。模型（6）是整体分析，模型（7）-（10）是引入交互项的地区差异分析。整体来看，多维视角下的贫困程度与地区的发展水平密切相关，也受到地方政府社会保障和公共服务支出的影响。基尼系数对地区MPI不存在直接的显著影响，可能的原因是基尼系数只能测度收入的不平等程度，而与多维贫困密切相关的教育、医疗、水、燃料等公共服务并不一定获得较高收入就能得到，更多取决于政府的投资和治理。政府财政在公共服务和社会保障方面的支出整体上都能够有效降低多维贫困。

交互项得到的地区差异结果与一维视角下的分析结论基本一致：I类地区的贫困水平受地区发展程度影响较小；III类地区的多维贫困则受多维发展水平影响更大，也更多受到社会保障和公共服务支出的影响。这一结论说明III类低发展低贫困地区的基础设施和公共服务的供给以及社会保障制度都更加倾向于穷人，I类高发展高贫困地区则相反，其多维贫困的缓解需要加强公共服务和公共资源向穷人的倾斜。

表 6-12　多维视角下 MPI 的回归结果

自变量	（6）	（7）	（8）	（9）	（10）
HDI	−0.880***	−0.874***	−1.210***	−0.875***	−0.871***
基尼系数	0.012	0.006	0.214	0.004	0.053
社会保障支出占比	−0.004**	−0.003*	0.002	−0.003*	−0.002
公共服务支出占比	−0.005**	−0.004*	−0.008*	−0.004*	0.0005
HDI#地区类型 I		0.016*			
III		−0.028**			
基尼系数#地区类型 I			−0.126		
III			0.035		
社保支出#地区类型 I				0.001	
III				−0.001*	
公共服务#地区类型 I					0.0003
III					−0.0006**
常数项	0.810***	0.792***	1.019***	0.794***	0.689***
N	50	50	50	50	50
R^2	0.741	0.766		0.764	
Wald chi^2					135.84
F 统计量			15.45		
模型形式	混合回归	混合回归	固定效应	混合回归	随机效应

注：***、**、*分别表示在 1%、5%、10%的显著性水平下统计显著；由于篇幅限制，文中未逐个汇报个体效应检验结果。

3. 减贫因素系数的地区间差异

根据引入地区虚拟变量的贫困模型估计结果，表 6-13 汇总计算了一维和多维视角下不同类型地区的各因素的回归系数。通过这些系数的对比，可以看到一维和多维视角下，经济社会发展水平对地区贫困都存在显著的负向影响，且存在地区间差异，而基尼系数对贫困的影响仅仅体现在一维贫困中，多维贫困水平几乎不受基尼系数的影响。财政支出方面，社会保障支出对多维视角的贫困影响更明显著一些。但是总体来讲，一维和多维视角下的分析结论是大体一致的，贫困水平主要受到经济社会发展水平和分配制度的影响，且政府财政调节分配差距的支出对贫困的影响都主要体现在 III 类地区。

表 6-13　各类型地区的回归系数汇总

地区类型	一维视角			多维视角		
	II、IV	I	III	II、IV	I	III
社会发展水平	−0.017	−0.009	−0.031	−0.874	−0.858	−0.902
基尼系数	0.471	0.541	0.351	—	—	—
社会保障支出占比	—	0.003	−0.005	−0.003	−0.003	−0.004
公共服务支出占比	—	0.000 7	−0.002	—	—	−0.000 6

注：—表示影响系数统计不显著。

　　作为基准组的 II、IV 类地区贫困水平受到社会发展的负面影响和收入不平等的正面影响，财政支出比重在这一过程中并没有起到太大作用；I 类地区社会发展水平的系数偏小，而基尼系数的回归系数较大，公共财政支出对贫困减少的作用也不理想；而 III 类地区贫困水平受社会发展水平的影响要大得多，基尼系数的影响偏小，同时公共财政支出的减贫作用也比较显著。这些差异一定程度上说明了地区贫困水平和发展模式的形成原因，常规的 II、IV 类地区贫困水平主要受社会经济发展和收入分配不平等程度影响，财政支出政策的调节作用非常有限；I 类地区的高贫困主要是因为收入不平等程度过大，且财政的转移支付和公共服务支出不是倾向于穷人的，反而会造成贫困的增加；III 类地区虽然社会发展程度较低，但其发展成果能够更好地分配到底层群体，公共财政的社会保障和公共服务支出也能够有效调节收入差距减少贫困，所以在低发展程度下实现了较低的贫困水平。

四、结论和政策建议

　　中国地区发展的不平衡不仅表现在发展水平和贫困水平的差异上，还体现在发展与贫困的匹配性上，各地区发展过程中贫困的减少并不是同步的。本书通过发展水平和贫困水平的高低及其匹配性将样本省份分为四种类型，并从多维视角和一维视角对比分析了各因素对每类地区贫困影响的差异，研究结论如下：

　　第一，一般来说，地区的社会发展水平能够有效减少贫困，而收入不平等程度会一定程度上阻碍贫困的减少，使得贫困阶层不能充分从社会发展中受益。所以在经济社会整体发展的同时努力缓解收入差距、增加贫困人口分享发展成果的机会和能力才是减少贫困的有效途径。另外，政府的社会保障、公共服务支出并不一定能起到缩小贫富差距、缓解贫困的作用，其资金投入方向和分配制度有待进一步完善。

第二，对 I 类"高发展高贫困"地区来讲，由于收入分配的高度不平等，穷人从发展成果中获益有限，社会发展水平提高的同时并未实现贫困的有效减少。同时，公共财政支出的调节作用也不理想，一维视角中地方政府对社会保障和公共服务支出的重视甚至会提高收入贫困率。所以高发展高贫困现象的原因在于分配制度的不合理，其贫困治理应该以调节分配制度、缓解收入差距为切入点，注重从法规、政策方面不断完善效率与公平相协调的发展机制，实现贫困的同步减少。

第三，第 III 类"低发展低贫困"地区在发展不充分的情况下能够取得较低的贫困水平，一方面在于分配制度的益贫性，地区经济的发展能够较好带动贫困阶层提高收入；一方面在于地方财政的扶贫支出能够更精准的落实到贫困阶层，实现贫困的减少。所以社会发展水平较低的地区想要实现较低的贫困水平还应该注重公共财政支出的减贫作用，包括偏向穷人的财政分配制度和有力的财政资金支持。但是，低发展地区往往财政收入较少，容易对财政的扶贫支出形成制约，所以其贫困治理除了保证地方财政的社会保障和公共服务支出外还需要中央财政的支持，中央财政应该更多考虑对低发展地区的社会保障和公共服务支持。

第四节　动态视角下的贫困分析

一、引言

对贫困问题不能仅从静态角度来加以研究，因为在不同时点上家庭的贫困状态可能会发生很大的变化，有的家庭甚至会发生剧烈的转折。导致家庭贫困状态发生变动既有宏观层面的因素如地区经济发展水平、地区公共政策等，又有微观层面的因素如一个家庭的收入水平、家庭抗风险能力等。但从静态角度难以捕捉和反映家庭贫困的变动，更难以找到其背后的影响因素。因此从动态角度来研究贫困有助于更深入地认识和理解贫困，并有的放矢地制定政策。

现有对贫困动态变化的研究中多数是在宏观层面开展的，主要研究在贫困的总体变动中经济增长与收入分配效应的关系，多数研究都是遵循 Datt 和

Ravallion（1992）[①] 以及 Kakwani 和 Pernia（2000）[②] 提出的将贫困变动分解为增长效应和收入差距效应的方法。如夏庆杰 等（2007）[③] 依据收入贫困线标准对 1988—2002 年城镇贫困的变化进行了分解，得出的结论是城镇贫困的缓解几乎完全归因于经济增长而非收入再分配效应。在针对中国农村贫困变动的研究中，主要的研究结论也是经济增长有助于减少贫困，但收入差距拉大又抵消了经济增长的减贫效应。

利用微观数据的文献也逐渐增多，如罗楚亮（2010）[④] 利用 2007 和 2008 年的家庭调查数据对农村贫困变动进行了分析，文章根据收入贫困线来识别家庭是否贫困，并利用 poisson 回归模型和工具变量法等进行了分析。其他利用微观数据的文献还包括魏众和 B. 古斯塔夫森（1999）[⑤]、万广华和张茵（2006）[⑥]、杜凤莲和孙婧芳（2009）[⑦] 等。

对中国家庭贫困动态分析的文献中，还有一部分是与脆弱性结合起来的研究，如有些以收入贫困线为标准，对未来收入落在贫困线之下的概率进行预测（万广华 等，2009[⑧]；李丽 等，2010[⑨]；等），还有一些研究采用转移矩阵的方法来研究贫困的脆弱性（王朝明，2008）[⑩]，也有一些文献采用生存分析的模型和方法来研究贫困持续期间的长短（叶升初 等，2013）[⑪]。

---

① DATT G, RAVALLION M. Growth and redistribution components of changes in poverty measures：A decomposition with applications to Brazil and India in the 1980s ［J］. Journal of Development Economics, 1992, 38（2）：275-295.

② KAKWANI N, PERNIA E M . What is Pro-poor Growth? ［J］. Asian development review, 2000, 18（1）.

③ 夏庆杰, 宋丽娜, SIMON A. 中国城镇贫困的变化趋势和模式：1988—2002 ［J］. 经济研究, 2007（9）：96-111.

④ 罗楚亮, 2010. 农村贫困的动态变化 ［J］. 经济研究, 45（5）：123-138.

⑤ 魏众, B. 古斯塔夫森. 中国转型时期的贫困变动分析 ［J］. 经济研究, 1998, 00（11）：64-68.

⑥ 万广华, 张茵. 收入增长与不平等对我国贫困的影响 ［J］. 经济研究, 2006（6）：112-123.

⑦ 杜凤莲, 孙婧芳. 经济增长、收入分配与减贫效应：基于 1991—2004 年面板数据的分析 ［J］. 经济科学, 2009（3）：15-26.

⑧ 万广华, 章元. 我们能够在多大程度上准确预测贫困脆弱性? ［J］. 数量经济技术经济研究, 2009（6）：138-148.

⑨ 李丽, 白雪梅. 我国城乡居民家庭贫困脆弱性的测度与分解：基于 CHNS 微观数据的实证研究 ［J］. 数量经济技术经济研究, 2010（8）：61-73.

⑩ 王朝明. 中国农村 30 年开发式扶贫：政策实践与理论反思 ［J］. 贵州财经学院学报, 2008（6）：78-84.

⑪ 叶初升, 赵锐. 中国农村的动态贫困：状态转化与持续：基于中国健康与营养调查微观数据的生存分析 ［J］. 华中农业大学学报（社会科学版）, 2013（3）：42-52.

总体来看，对贫困进行动态分析的研究中多数是基于一维框架，即根据收入水平识别出贫困后对其动态变化进行研究，同时从宏观层面开展研究的较多，而结合家庭层面特征进行深入研究的较少。本书与现有文献不同的是首先从多维框架出发来识别家庭是否贫困以及贫困变动的类型，并结合具体的家庭层面特征和地区特征来分析贫困变动的影响因素。

本节以多维视角作为识别贫困的框架，并对贫困状态变动进行分类，研究其动态变化，进一步揭示其影响因素①。

二、研究框架及主要方法

本节的研究思路是：首先在多维贫困框架下，识别出各个年份上每个家庭是否贫困，然后将一个家庭在两个时点的贫困状态变化分为三类，即一直处于贫困、贫困状态发生变化如脱贫或返贫、一直不贫困。借鉴相关文献中关于贫困分类的研究②，我们将两个时点上一直贫困的家庭定义为慢性贫困，将贫困状态不稳定的家庭定义为暂时贫困，将两个时点上一直不贫困的家庭定义为从不贫困。那么什么样的家庭容易陷入慢性贫困，什么样的家庭容易出现暂时贫困，什么样的家庭不容易贫困？如果这些信息不明确，容易导致政策取向不明确。本书采用有序响应 probit 模型，结合家庭和区域层面的特征来回答这一问题。

由于识别各个家庭是否贫困是本书分析的基础，我们首先给出多维贫困框架下贫困的识别方法。如何合理地设定多维贫困的因素和指标是研究的第一步，借鉴 Sen Amartya 的多维贫困思想、Alkire 和 Foster 的多维测度方法、联合国多维贫困指数的构造以及中国经济发展的实际情况，这里采用 3 个维度 9 个指标来分析贫困，3 个维度分别是教育、健康和生活水准（见表5-6）。

在确定了所考虑的维度及每个维度下贫困的认定标准后，我们就可以识别一个家庭是否贫困。这里首先给出一个概念：如果一个家庭在 9 个指标中的任意 k 个指标上同时存在贫困，我们就定义该家庭是 k 维贫困的。这实质就是计数的方法。通常在任意 1 个或 2 个指标上贫困的家庭比例很高，而同时在多个

---

① 本节内容发表在 2013 年《统计研究》。数据略旧。

② Ravallion（1988）将那些在一定的时间段内一直经历贫困的家庭或个人定义为持久性贫困（persistent poverty），而将那些在一定的时间段内只有部分时间经历了贫困的家庭或个人定义为暂时性贫困（transient poverty）。而 Morduch（1994）将贫困区分为慢性贫困（chronic poverty）与暂时性贫困（transitory poverty），Hulme 和 Shepherd（2003）将贫困细分为 5 种状态：永远贫困（always poor）、经常贫困（usually poor）、胶着贫困（churning poor）、偶尔贫困（occasionally poor）和从未贫困（never poor）。

指标上存在贫困的家庭比例较低，也就是极端贫困的情况较少。根据我们测算的结果来看，在 6 维以上仍然贫困的家庭比例很小[①]。联合国在其多维贫困测度中也指出，应该以 1/3 以上的指标上存在贫困来定义多维贫困，因此本书确定以 3 维为研究的维度，将 3 维条件下识别出的家庭是否处在贫困状态的信息作为后续模型分析的基础。

在得到 3 维条件下家庭是否贫困的信息后，我们就可以利用有序响应 probit 模型对家庭贫困的变动进行分析。

对于有序响应 probit 模型，可使用潜变量法来推导出最大似然估计量。假定潜变量 y_i^* 与解释变量 X_i 之间呈线性关系，其中，X_i 表示影响一个家庭贫困状态变动的自变量，残差项假设服从正态分布。

$$y_i^* = f(\beta X_i) + u_i \quad u_i \sim N(0,1) \quad (6-7)$$

本书中被解释变量即贫困动态变化类型 y_i 存在 3 种情形，1、2、3 分别表示慢性贫困、暂时贫困及从不贫困，y_i 与潜变量 y_i^* 存在如下关系：

$$y_i = \begin{cases} 1, & y_i^* \leqslant \gamma_1 \\ 2, & \gamma_1 \leqslant y_i^* \leqslant \gamma_2 \\ 3, & \gamma_2 \leqslant y_i^* \end{cases} \quad (6-8)$$

其中，γ_1，γ_2 称为阈值或切点，β 是变量 X_i 的系数，二者均为待估计参数。

有序因变量的条件概率是

$$\begin{cases} P(y_i = 1 \mid X_i, \beta, \gamma) = \Phi(\gamma_1 - \beta X_i) \\ P(y_i = 2 \mid X_i, \beta, \gamma) = \Phi(\gamma_2 - \beta X_i) - \Phi(\gamma_1 - \beta X_i) \\ P(y_i = 3 \mid X_i, \beta, \gamma) = 1 - \Phi(\gamma_2 - \beta X_i) \end{cases} \quad (6-9)$$

其中，$\Phi(\ )$ 表示累积概率分布函数。对待估参数 β 和 γ_1、γ_2 可通过对如下似然函数求极值得到，其中 D 为指示函数。

$$\log L(\beta, \gamma) = \sum_{i=1}^{N} \sum_{j=1}^{M} \log(P(y_i = j \mid X_i, \beta, \gamma)) D(y_j = j) \quad (6-10)$$

β 的符号反映了两个外端状态概率的变化方向，当 $\beta_j > 0$ 时，第 j 个变量 X_j 的赋值越大，潜变量 y^* 的值就越大，越不容易贫困；当 $\beta_j < 0$ 时，第 j 个变量 X_j 的赋值越大，潜变量 y^* 的值就越小，就容易贫困。

在该模型中，回归系数不能根据其绝对值大小直接进行解释，而需要计算其边际效应。对于连续解释变量而言，边际效应表示在其他变量保持不变的情

---

① 表 6-14 汇报了各个维度下的贫困家庭比重，但本书以 3 维为分析维度。

形下，该变量变化一单位所引起的对某类贫困概率的影响。对于虚拟变量而言，计算得到的边际效应表示相对于参照组而言，落在某种贫困类型的概率变化。

三、中国家庭动态贫困的识别及模型分析

（一）家庭动态贫困的识别

本书利用 2000、2004、2006、2009 年的 CHNS（中国健康与营养调查）数据库进行分析。CHNS 数据库覆盖了全国不同经济地理特点的 9 个省份，提供了较为丰富的个人和家庭层面的信息，其权威性得到了学术界的高度认可。数据库中教育、健康和生活标准等方面的信息是测算多维贫困的重要信息。本书将所分析的四个年份区分为两个时段，即 2000—2004 年为第一时段，2006—2009 年为第二时段。之所以这样做是因为如果以 2000—2009 年这个较长时段为样本，由于存在样本退出等问题，最终的样本容量较小，仅为 694 个样本，同时分为两个时段也便于进行对比分析。

本书根据前述多维贫困框架下的 3 个维度及 9 个指标，首先逐年对每个家庭是否存在贫困进行识别。由于样本较多，这里无法汇报逐个家庭的情况，只能汇报各年度贫困家庭的汇总信息，见表 6-14。

表 6-14　各年度贫困家庭比重信息

贫困维度	2000 年	2004 年	2006 年	2009 年
1	0.96	0.94	0.9	0.77
2	0.8	0.72	0.65	0.46
3	0.62	0.48	0.39	0.21
4	0.41	0.25	0.18	0.07
5	0.18	0.09	0.06	0.01
样本个数	3 411	4 261	4 353	4 470

从表 6-14 的信息可以看出，无论在哪个维度，中国家庭总体的多维贫困程度在逐渐下降。以 3 维贫困为例来看，在 2000 年有 62% 的家庭存在任意 3 个维度的贫困，到 2009 年这样家庭的比例下降至 21%。其他维度的情形类似。

在给出了各个时点上每个家庭是否贫困的信息之后，我们可以得到每个家庭在不同时间间贫困的变动情况。表 6-15 列出了两个时段各维度下分类贫困变化的信息。从表 6-15 可以看出中国近年来宏观层面上的多维贫困程度有较

大改善。仍以 3 维贫困为例来看，第一时段有 51.75% 的家庭处于慢性贫困，第二时段则降为 17.59%，从不贫困的家庭比例则有所增加①。其他维度的情况类似。

表 6-15　各维度下分类贫困比重　　　　单位:%

贫困维度	2000—2004 年			2006—2009 年		
	慢性贫困	暂时贫困	从不贫困	慢性贫困	暂时贫困	从不贫困
1	93.29	5.46	1.26	76.61	17.3	6.1
2	73.8	13.75	12.45	43.81	29.19	27.01
3	51.75	19.11	29.14	17.59	27.3	55.1
4	25.87	24.76	49.37	4.96	16.06	78.99
5	7.46	17.11	75.43	0.84	5.36	93.81

但是从具体的家庭来看，不同家庭在不同时点的贫困变化并不可能都呈现出改善的特点。有些家庭由于初始条件较差，人力资本积累少，家庭人口负担较重，对风险的抵抗较差，可能一直难以摆脱贫困。有些家庭人力资本积累多，贫困的脆弱程度低，可能一直不贫困。汇总的信息还不足以帮助我们回答什么样的家庭容易导致什么样的贫困变动，下面的模型结合家庭层面的特征来深入分析这个问题。

（二）模型主要变量及基本描述分析

有序响应 probit 模型的因变量为有序响应变量，本书将慢性贫困、暂时贫困和从不贫困三类分别取值为 1、2、3。

模型的解释变量则根据相关理论来确定。从人力资本理论来看，受教育程度是一个重要的变量，受教育程度的提高对于增加收入改善贫困具有重要的作用。但考虑到在家庭层面分析的话，采用家庭成员的平均受教育程度会受到人口结构的影响，诸如有儿童的家庭其平均受教育程度会有所下降，因此采用户主的受教育水平分析教育对多维贫困的影响。户主的职业类型和所在单位的类型也是一个重要的影响因素，因为在中国职业的差异性很大，所在单位的类型对一个人的职业升迁、收入水平等都会产生很大的影响。户主的职业分类参照了《中华人民共和国职业分类大典》，共分为 7 类，包括单位负责人、专业

---

① 多维贫困框架下可以计算多维贫困指数及每个维度的贡献，但由于本书的分析主要依据家庭是否贫困的信息，因此这里并不汇报多维贫困指数及各个指标的贡献。

技术人员、办事人员和士兵警察、商业服务业人员、生产运输设备操作人员、农林牧渔业人员、其他人员。在模型分析中我们以农林牧渔业作为参照。

同时我们还将户主的年龄和婚姻状况纳入模型来考察其对家庭贫困的影响。由于分析是在家庭层面开展的，人力资本变量主要采用户主特征来度量。同时在每个时段内我们认为基期的状况会对后期贫困的影响更大，因此在2000—2004年时段内以2000年户主的一些人力资本特征来解释贫困变动，同样在2006—2009年时段内以2006年户主的特征来解释贫困变动。这些因素统称为户主特征。

收入也是一个影响贫困的重要因素，家庭人均收入水平高，其改善多个维度贫困的能力应该较强。家庭人口结构也会影响到一个家庭的贫困状况，一个家庭中如果需要负担的人口比重高，会加重其贫困程度；相反，家庭中劳动力的比重较高，会提高一个家庭的收入水平和抗风险能力。我们这里采用家庭人口规模中非15~64岁人口数占家庭人口总规模的比重来衡量。这两个因素可以称为家庭因素。

同时，考虑到中国地区经济发展的不平衡性，我们将家庭所在的地区是东中西部地区和城乡地区因素以虚拟变量的形式考虑在内。这两个因素称为区域因素。篇幅所限，我们在这里只给出了在3维条件下识别出的家庭贫困状态在2006—2009年时间段内的情况，以及一些基本变量的描述统计分析（见表6-16）。

表6-16　主要解释变量的描述性分析（2006—2009年）

主要变量	慢性贫困	暂时贫困	从不贫困
家庭因素（均值）			
家庭负担系数	0.49	0.38	0.29
人均收入（元）	4 560.53	6 356.56	11 105.40
户主因素			
教育（均值）	4.90	6.86	10.26
职业种类（%）			
单位负责人	0	6.60	93.4
专业技术人员	2.17	8.70	89.13
办事人员士兵警察	0	8.70	91.3
商业服务业人员	5.92	14.47	79.61

表6-16(续)

主要变量	慢性贫困	暂时贫困	从不贫困
农林牧渔业人员	28.89	38.00	33.11
生产运输设备操作人员	8.36	21.83	69.81
其他人员	10.64	24.47	64.89
单位性质（%）			
国有	1.46	6.12	92.42
非国有	20.9	31.64	47.46
婚姻（%）			
在婚	16.51	27.18	56.32
非在婚	32.84	29.10	38.06
年龄（均值）	56.84	51.4	46.89

从表6-16也可以大致看出，不同贫困变动状态下不同家庭的人力资本特征、所在区域特征等都有较明显的区别。下面我们根据有序响应 probit 模型的结果来进一步分析什么样的家庭更不容易摆脱贫困，什么样的家庭不容易陷入贫困。

（三）基于有序响应 probit 模型结果的解释

我们采用有序响应 probit 模型分别对两个时段进行了估计。对该模型的解释并不能直接根据其参数来进行，而需要计算其偏效应。偏效应估计结果见表6-17和表6-18。从中我们可以得到如下几点结论：

从户主特征来看，在两个时段内共同的特点是，受教育程度提高可有效降低慢性贫困的发生概率。以 2006—2009 年时段内的数据为例来看，户主的受教育年限每增加一年，家庭慢性贫困的发生概率将减少 1.4%，暂时贫困的概率下降 1.9%，从不贫困的概率增加 3.3%。这充分说明教育是重要的人力资本，教育程度提高能够显著增强摆脱贫困、保持不贫困的能力，提升抗风险能力，降低贫困脆弱性。

从职业分布来看，以农林牧渔业从业人员为参照组，其他职业均在不同程度上增加了从不贫困的概率，降低了慢性贫困的概率，比如商业服务业人员从不贫困的概率在 2006—2009 年可增加近三分之一。这也说明了在中国职业差异对贫困的影响之大。

表 6-17　中国家庭贫困动态变化各影响因素的偏效应（2000—2004 年）

影响因素		慢性贫困	暂时贫困	从不贫困
地域因素	东部	-.100***	0.022***	0.078***
	中部	-.120***	0.029***	0.091***
	西部（参照组）			
	城市	-.204***	0.033***	0.170***
	农村（参照组）			
家庭因素	家庭负担系数	0.118**	-0.029**	-0.088**
	人均收入	-.009***	0.002***	0.007***
户主因素	教育	-.037***	0.009***	0.027***
	职业分类			
	单位负责人	-.343***	-0.019	0.362***
	专业技术人员	-.335***	-0.011	0.347***
	办事人员士兵警察	-.374***	-0.048	0.422***
	商业服务业人员	-.437***	-.083***	0.520***
	农林牧渔业人员（参照组）			
	生产运输设备操作人员	-.254***	0.026***	0.228***
	其他人员	-.364***	-0.042*	0.406***
	国有	-.175***	0.030***	0.145***
	非国有（参照组）			
	在婚	0.061	-0.013*	-0.048
	非在婚（参照组）			
	年龄	0.005***	-.001***	-.004***
	$p\,(y \mid x)$	0.489	0.287	0.224
	样本个数	1 110	410	625

回归方程统计量	
Pseudo R^2	0.268
LR chi^2（15）	1 170.650
Prob > chi^2	0.000

注：***、**、*分别表示解释变量系数在 1%、5%、10%的水平下显著。

表 6-18　中国家庭贫困动态变化各影响因素的偏效应（2006—2009 年）

贫困动态类型		慢性贫困	暂时贫困	从不贫困
影响因素	偏效应	dp/dx	dp/dx	dp/dx
地域因素	东部	-.092***	-.151***	0.243***
	中部	-.065***	-.093***	0.158***
	西部（参照组）			
	城市	-.029***	-.045**	0.074**
	农村（参照组）			
家庭因素	家庭负担系数	0.024	0.033	-0.057
	人均收入	-.002***	-.003***	0.006***
户主因素	教育	-.014***	-.019***	0.033***
	单位负责人	-.087***	-.219***	0.306***
	专业技术人员	-.049***	-0.088	0.136**
	办事人员士兵警察	-.085***	-.222***	0.307***
	商业服务业人员	-.094***	-.234***	0.328***
	农林牧渔业人员（参照组）			
	生产运输设备操作人员	-.055***	-.094***	0.149***
	其他人员	-.060***	-.121***	0.181***
	国有	-.066***	-.120***	0.186***
	非国有（参照组）			
	在婚	-0.012	-0.016	0.028
	非在婚（参照组）			
	年龄	0.004***	0.005***	-.009***
	$p(y\mid x)$	0.090	0.323	0.587
	样本个数	355	551	1 112

回归方程统计量

Pseudo R^2	0.233
LR chi^2（15）	930.920
Prob > chi^2	0.000

注：***、**、*分别表示解释变量系数在1%、5%、10%的水平下显著。

再看单位性质的影响，相比非国有单位，国有单位可显著减少慢性贫困的发生概率，这在两个时段均有相同的特点。而户主的婚姻状况对贫困动态变化的概率并没有显著影响。从年龄变量来看，年龄增加会降低从不贫困的概率，而慢性贫困的概率则会增加。

从家庭因素来看，家庭负担系数在不同时间段对多维贫困动态的影响并不相同，在 2000—2004 年，家庭负担系数每增加一个单位，慢性贫困的概率增加 11.8%，从不贫困的概率降低 0.088，但是到 2006—2009 年，家庭负担系数对贫困动态的影响并不大。人均收入也是一个显著的影响变量，人均收入水平提高会降低慢性贫困的发生概率，提高从不贫困的概率。

从地域因素来看，以西部为参照，地处东部和中部的家庭中从不贫困和慢性贫困的概率在增加，发生慢性贫困的概率在下降，同时在 2006—2009 年间，这一情形表现得更为显著，相比西部，东部从不贫困的概率要增加将近四分之一。

以农村为参照，城市家庭中从不贫困的概率在增加，慢性贫困的概率在下降，但在 2000—2004 年城乡因素对贫困动态变化的影响更为显著，到 2006—2009 年，城市相比农村家庭从不贫困的概率仅能增加 0.074。

四、结论

从前面的分析可以看出，户主受教育程度高、户主在国有单位就业、户主有较好的职业、人均收入水平高、人口负担较轻、地处东部和城市的家庭有更高的概率处在从不贫困的状态，其脆弱性程度较低。相反，户主受教育程度低、户主在非国有单位就业、户主的职业类型较差、人均收入水平低、人口负担较重、地处西部和农村的家庭有更高的概率处在慢性贫困的状态，其脆弱性程度较高。要想提高贫困家庭抵御风险的能力，降低其贫困脆弱性，增强人力资本存量是很重要的途径，也是改善贫困最重要的内生力量。同时，家庭人口负担系数对贫困的重要影响也提示我们：建立有效的医疗及社会保障体系也是重要的改善贫困的力量。

由于数据的限制，我们主要分析了户主的特征。应该说一户之主对一个家庭贫困的改变是重要的，但家庭所有人员的受教育程度对改变未来贫困状态的作用同样是不容忽视的。事实上，劳动经济学的许多理论研究和实证研究都已经揭示，提升受教育水平是增强人力资本存量重要的方式，因此无论在家庭层面还是在国家层面，都应该充分重视教育。

职业类型也是重要的影响因素。由于中国职业差异程度较大，不同职业在收入水平、社会保障等方面存在很大差异，未来应该减小职业之间的差异性，营造更加公平的职业环境，这有助于降低全社会贫困的脆弱性。

中国区域发展的不平衡性明显造成贫困家庭脆弱性分布上的区域特点，因此应该增强西部地区、农村地区的发展能力，为改善贫困提供重要的动力。

本节的结论与章元等人的研究结论有很多相似，他们在研究中指出：在参与市场化过程中，不同农户所分享到的经济增长的好处和摆脱贫困的能力并不相同，那些具有较少人力资本和较高人口负担率的农户，即使有较高的市场参与程度也依然会陷入贫困。

同时，对比一维贫困框架下的结论来看，以收入为核心的贫困分析得出的政策强调应加强开发式扶贫。本书认为，增强经济发展能力、缩小城乡和区域差异固然重要，但是增强人力资本投资尤其是重视教育投入、缩小职业差异，政府提供更加公平的公共政策环境，同样是降低多维贫困脆弱程度的重要手段。

第七章 研究展望

一、多维贫困测度总结

多维贫困测度在方法论上可以总结为：以人的全面发展为基本理论基础，以联合国千年发展目标纲要为基本指导，设计关系到人的发展的具体维度和指标，将其综合成为一个指数，来综合反映一个国家或者地区的贫困。不同设计思想下的指数满足不同的公理性质。

由于多维贫困在方法论层面上与一维贫困不同，因此构造的思路非常不同。同时由于多维贫困涉及多个维度和多个指标的综合，因此在合成的思路等方面有很大不同，可以设计出不同的综合方案，构成一个系统的研究方法。

该系统性主要包括两点：第一，多维贫困测度中维度的选取需要有一个系统性研究。多维贫困的基本理论基础为人的全面发展。如何定义人的全面发展，如何对标联合国千年发展纲要来确定多维贫困指标，需要进行深入研究。第二，多维贫困由于涉及多个维度和指标的综合，在综合时有不同的综合方法，需要进行系统性研究。本书对多维贫困在综合过程中的多种方法进行了研究和比较。

对中国来说，由于不同的微观数据库所提供的数据不同，调查问卷设计的不同，所覆盖的时期不同，因此本书采用了多个微观数据库来测度和分析中国的多维贫困。CHNS调查开始的早，并且调查问卷一直保持稳定，因此适合于研究多维贫困的动态变化。CFPS数据库调查的较晚，但是更新频率较快，因此能够反映近些年份的多维贫困程度。不足之处是CFPS调查问卷存在一定的变动，导致在年度之间的可比性差一点。

总体来看，无论采用哪一个数据库，放在一个较长的时间跨度来看，中国多维贫困程度在所有地区间均呈现下降的趋势。作为世界上人口最多的国家之一，中国能够取得这样的成就是非常值得进行总结研究，并加以推广的。因为站在微观个体的角度，增加收入摆脱贫困是关系个人及小家庭的事情；站在国家的角度，一国的减贫成就有利于提高本国人民福祉，提高国家实力；站在人类共同体的角度，减贫是提高全人类发展水平、改善全球可持续发展能力的重要措施。因此对于贫困的认识，需要站在人类共同体这个角度来研究。中国作为世界成员之一、人类共同体的组成部分之一，在减贫中的成就可以为联合国可持续发展战略的完成提供经验和借鉴，为其他发展中国家的减贫提供借鉴。

联合国开发计划署驻华代表罗世礼曾指出：中国减贫经验对促进他国减贫具有重要意义。联合国粮农组织农村减贫计划项目顾问坎波斯对中国减贫事业发展表示赞赏。坎波斯指出，随着中国继续在精准扶贫方面的创新和实践，中国可以与其他国家分享中国模式和中国经验，寻求解决贫困问题的更好方案，在全球减贫事业中发挥建设性的示范作用。

中国作为世界上人口最多的发展中国家，其贫困人口曾一度占世界贫困人口总数的20%。现在中国减贫的成就受人瞩目，站在减贫进程具有转折点的时期，减贫成就背后的理论与经验应该再进一步加以总结和提炼，其中包括对经济发展模式的总结、宏观经济政策的总结、贫困治理的总结、各种公共政策的总结及评价。

二、中国贫困研究的转变

目前中国主要关注在现行贫困标准下脱贫任务的完成。2020年后中国的贫困研究和脱贫任务将会面临一个巨大的转变。

第一，从一维贫困转向一维与多维贫困相结合。

联合国从2010年开始发布全球多维贫困指数（MPI），目前世界上很多国家也都颁布了自己的多维贫困指数。尽管中国的精准扶贫已经体现了一定的多维贫困思想，但是中国政府对贫困人口的识别还主要体现在收入维度。

随着中国综合国力的提高，以及在目前标准下绝对贫困的消除，中国扶贫工作应该也从一维贫困逐渐转向多维贫困。从一维贫困转向多维贫困，意味着关注点从经济贫困转向能力贫困，扶贫的重心变为对贫困人口长期能力的培养和关注。

在多维贫困标准下，贫困的识别、测度、相关政策与只考虑收入维度情况下会有很大不同，对政府统计部门的数据需求也会产生很大变革和挑战，实践中如何实现常规化、系列化等工作，这些都是未来政府统计中我们需要认真考虑的问题。

第二，从绝对贫困逐渐转向绝对贫困与相对贫困相结合。

中国政府的贫困界定是根据一定的贫困线，并根据价格指数进行调整后加以确定，目前的农村收入贫困标准是 2 300 元/人/年（2010 年价格）。2020 年后中国农村反贫困工作必将进入一个新的阶段，贫困标准将会由绝对贫困逐渐变为绝对贫困和相对贫困相结合的标准，相对贫困标准下的扶贫对象、扶贫措施、战略重点等必然不同于绝对贫困标准，这对识别和测度贫困提出很大的挑战。

在此转变之下，以缩小区域与城乡收入差异、社会公共服务不平等、多维贫困等为主要特征的相对贫困的缓解将成为未来我国扶贫工作的重点，重点关注的贫困人口也会产生很大的不同，新形势下我们将对农村流动人口、留守儿童、老年人等特殊群体给予更大的重视。从绝对贫困转向相对贫困，需要对相对贫困的界定、测度、相关理论和方法及政策做出一些深入研究。

第三，在社会分层背景下的代际反贫困研究。

在中国近几十年来的市场化改革过程中，社会出现了较大的分层，并且出现了一定程度的固化。在此背景下，代际贫困的传递与阻断研究应该成为社会关注的重点经济和社会问题之一。

在目前的减贫方案中，我们主要关注绝对贫困人口的脱贫问题，尚未将精力用于研究如何避免贫困的代代相传问题中。在绝对贫困解决之后，我们应该将代际反贫困问题纳入研究，而这部分人群也是特别容易再次陷入贫困的人群。

第四，生态环境可持续发展下的反贫困研究。

在全球气候变化、极端天气频发的背景下，生态环境可持续发展的问题再次提上议事日程。联合国提出的 2030 可持续发展战略就对此给予了特别的重视。中国政府也提出了乡村振兴战略，其中一个很重要的方面就是生态环境的可持续发展。

在充分考虑生态环境可持续发展下的反贫困目标、政策、战略等都会与之前主要考虑绝对贫困人口的脱贫有很大的不同。目前贫困人口主要分布在全国14 个集中连片特困地区，这些地区生存环境恶劣、生态脆弱、基础设施薄弱、公共服务滞后。因此即使在 2020 脱贫目标实现之后，这些地区的生态建设与反贫困仍然是我们关注的重点问题之一，如何制定和规划分步实施、分地区实施的政策，仍需要做出很大的努力。消除生态贫困作为未来的重要任务，还需要进一步完善社会发展、经济发展和生态环境改善的全方位综合监测体系以及考核评价标准，定量客观地综合监测和评估各个地区的生态贫困状况，从国家层面对各个地区生态贫困的程度及其原因进行全方位分析，从而全面消除生态贫困，实现人与自然和谐发展。

三、跨越绝对贫困后贫困标准设定的总体思路

2020 年是全面建成小康社会的决胜之年，也是脱贫攻坚战的收官之年，但这并不意味着跨越绝对贫困之后贫困的消失。按照党的十九届四中全会提出的，要建立解决相对贫困的长效机制，2020 年《中共中央 国务院 关于抓好"三农"领域重点工作确保如期实现全面小康的意见》中提出"扶贫工作重心转向解决相对贫困""研究建立解决相对贫困的长效机制"，前提是需要我们首先明确贫困标准的设定思路。但相对贫困的治理远远比绝对贫困复杂，从贫困的治理对象来看，绝对贫困治理主要针对区域性农村贫困，而相对贫困的治理对象则分散在乡村、城市乃至城乡之间。后者的治理对象则更为分散，异质性更强，治理目标也更为复杂。

鉴于绝对贫困和相对贫困的特征不同，以及贫困治理中的措施不同，我们应该明确在短期和长期内贫困标准设定应该有所不同。总体来说，跨越绝对贫困后贫困标准设定有如下原则：第一，坚持阶段性与渐进式相结合。第二，考虑地区差异的原则。第三，坚持发展性与保障性相结合。

从第一条原则来看，短期内应该坚持绝对贫困标准，但是需要更新贫困标准。之所以短期内要坚持绝对贫困标准不放弃，是考虑到贫困人群的脆弱性特点，尤其是有了疫情等突发事件的冲击，为了监测脱贫攻坚效果和防止返贫，仍然需要有绝对贫困标准。其次，日前的贫困线存在标准较低的问题。我国目前的贫困线相当于每人每天 2.29 美元（2011 年的 PPP），只比世界银行的每人每天 1.9 美元的极端贫困线高 21.8%，但比 3.1 美元的中度贫困线低 35.4%。也就是说我国虽然明确了在 2020 年实现全面脱贫攻坚，但是与国际标准、与我国宏观经济数据的发展趋势等相比，我国的贫困标准较低，是一个不可否认的事实。因此后扶贫时代还需要对绝对贫困标准的内涵进行更新。此外，对标联合国 2030 可持续发展议程目标，消除贫困作为第一个目标，还需要有系列绝对贫困指标。在此基础上，再逐步引入相对贫困标准，在试点、地方性实践的基础上，渐进式不断探索相对贫困标准。

第二，考虑地区差异的原则。绝对贫困标准下，为了监测减贫的进展，会采用一条统一的贫困线。好处是度量的标准统一，对减贫效果的评价更加直观，不足之处是统一的贫困线无法反映地区之间的差异。在相对贫困标准下，如果全国采用统一的相对贫困线，识别的贫困人口必然集中在经济落后的区域和自然条件差的区域。从区域来看，东中西部的区域发展差距、城乡发展差距以及城市间发展差距进一步加大了统筹制定相对贫困统一标准的难度。因此可

以考虑多口径的相对贫困标准，既适应全国统一考核需求的标准，也考虑地区购买力的差异，以适应不同的需求。

第三，坚持发展性与保障性相结合。在打赢脱贫攻坚战的过程中，我们采取的是非常规贫困治理，充分调动了全国上下的力量参与进来，更加关注的是对低收入群体的保障，以保证按时完成脱贫任务，消灭绝对贫困。在消除了绝对贫困而采用了相对贫困标准下，如果还主要依靠政府的转移支付和非常规性的社会保障，对于政府的扶贫能力是巨大的挑战，需要坚持发展性与保障性相结合的原则。也因此贫困标准的设定需要将绝对贫困和相对贫困结合起来。

因此跨越绝对贫困后，贫困标准的设定总体思路是短期内仍采用绝对贫困标准，长期内逐步过渡到相对贫困标准。基于这样的思路，在跨越绝对贫困后，不同于目前贫困标准的设定，会产生新的数据需求和做法，相应产生新的数据缺口。主要的数据需求是：第一，短期内绝对贫困标准的更新；第二，相对贫困标准的设定；第三，收入分布信息的搜集；第四，地区贫困线的设定。因此相应政府统计能力也需要围绕如上方面数据的需求加以建设。为了适应跨越绝对贫困之后贫困标准确定的新需求，缩小数据供给和需求之间的缺口，我们在参考国际贫困标准和国外政府实践的基础上，提出在后扶贫时代改进和提高政府相关统计能力的几点建议。

四、跨越绝对贫困后贫困标准制定的数据需求

(一) 绝对贫困标准的制定和更新

如前所述，跨越绝对贫困后 3~5 年之内，我们仍然有必要坚持绝对贫困标准。对绝对贫困标准的设定来说，需要做的工作包括：

第一，制定和更新系列绝对贫困标准以适应不同的目标。我国自改革开放以来共采用过三条不同生活水平的贫困标准，分别是"1978 年标准""2008 年标准"和"2010 年标准"。而中国经济的快速发展、居民生活和消费篮子的快速更新导致的权重变化、恩格尔系数的下降，都在提醒我们对贫困标准的更新应该加快。2010 年城市恩格尔系数为 35.7%，农村为 41.1%，2019 年全国居民恩格尔系数为 28.2%，连续 8 年下降。而我们仍然采用 2010 年贫困标准，且该标准中采用的恩格尔系数达到了 60% 以上，用此标准来反映目前的贫困，标准有些低，该标准用来反映城镇居民的贫困则更低。因此应该制定系列绝对贫困标准，区分城镇居民和农村居民，同时参考美国的做法，区分不同目的来设计系列贫困线。

第二，细化贫困指标口径。细化工作不仅仅是为了适应可持续发展议程的考核，更重要的是在贫困治理、社会保障等工作中能够更有针对性，更加精准。如前所述，我国目前的贫困标准与国际标准、与我国其他宏观经济指标相比均较低。与统计能力较强的国家相对比，我国的绝对贫困标准设定还比较粗，还有进一步细化的空间。与 2030 年可持续发展议程结合起来看，该议程中提出了多项指标，如陷入贫困的不同年龄段和性别的比重等，因此我们应该进一步细化贫困统计指标口径。

（二）相对贫困标准下新的数据需求

如前所述，相对贫困标准下的数据需求主要是：完整的收入分布、地区价格指数、家庭人口等值规模系数的计算。这相应对政府统计能力提出了几点需求：

1. "缺失的富人"的收入调查问题

与收入调查相关的主要问题就是高收入人群的收入缺失，也就是"missing rich"问题。从收入调查设计等角度来看，要解决这个问题，需要设计好收入调查抽样框，以及抽样过程中的权重。由于高收入人群尤其是过高收入人群本身所占的比重较小，入样的样本本身就存在"稀疏性"特点，因此可以考虑过抽样，即在设计抽样方案时结合高收入人群居住地、职业等信息给予这部分人群更大的权重。

2. 针对既有收入调查数据的"修正"

除了更好地设计收入调查方案，还有一种思路就是针对现有的收入调查数据进行修正。具体的修正方法包括参数化方法和非参数推断方法。参数化方法是根据现有的收入调查数据，按照帕累托分布来推断高收入人群的收入，如 Hlasny 等利用美国 1979 年至 2014 年的实时人口调查（current population survey，简称 CPS）数据，基于帕累托分布对高收入人群数据进行修正，并重新估计了美国的基尼系数，结果发现使用该参数修正方法增加了美国的基尼系数估计值。非参数推断方法则主要是通过推断法将缺失的高收入信息弥补完整。如 Burkhauser Richard 等使用单元均值和方差对美国实时人口调查（CPS）数据中的顶层编码劳动收入进行插补，从而获得更加准确的美国高收入群体数据。Campos-Vazquez 等发现基于家庭收入支出调查（the household income expenditure survey）和劳动力调查（the labor force survey）所显示的 2006 年后墨西哥收入不平等演变方向是相反的。经验表明，劳动力调查结果是不准确的，造成这一现象的原因是项目无响应。对此作者采用"热板"插补法和调查后权重调整法，对高工资收入者的数据信息进行了修正。据修正后的劳动力调查数据显示，2006—2017 年，墨西哥收入不平等现象呈加剧态势，与家庭收入支出调查显示结果一致。因此，采用非参数插补法可以有效修正收入调查数据中高收入人群信息的缺失，解决收入不平等现象低估的问题。

3. 注重收入调查数据与其他来源数据的融合

现有的收入调查数据所提供的信息有一定局限性，因此，近几年的修正技术特别注重收入调查数据与其他来源数据的融合，包括国民核算数据、税收数据、房价、富豪排行榜等数据来源。所采用的方法也可以区分为参数法和非参数法，或者将参数推断和非参数推断法结合起来。如罗楚亮等的研究指出：如果高收入人群和特别高收入人群具有相同的统计分布函数，则我们可以利用福布斯排行榜等富人的公开信息估算特别高收入人群的分布函数，并基于拟合的分布函数推算高收入人群的规模及其他相关分布特征。因为一般认为，高收入人群的收入服从帕累托分布（Creedy，1985；布朗芬布伦纳，2009）。因此，可以以相关富豪榜的信息为基础来拟合帕累托分布的参数，进而推断次高收入人群组的收入分布特征。这种方法的优势在于，富豪榜信息动态更新，能够获得年龄、性别、行业分布等人口学特征，这对于了解高收入人群有较大帮助。但同时也存在一些问题，如媒体公布的数据质量没有经过严格检验。如 Li 等认为胡润和福布斯排行榜数据存在信息统计不真实、个体与家庭数据重叠、收入与财产信息混淆等问题，而且富豪榜数据并未扣除其相关的负债，因此高收入人群的净资产普遍被高估。后续这也是需要重点研究的问题之一。

美国对其极端贫困率的估算，也是通过将 2011 年收入和项目参与情况调查（survey of income and program participation）和实时人口调查的数据与行政税收和项目数据相联系起来进行多源数据的融合和推断。如 Atkinson 等收集美国的遗产边际税率和个人实际缴税纪录，从而利用实际税收数据尤其是房产税和遗产税数据来进行反推，由此获得较为准确的高收入人群数据。由于中国目前没有遗产税制，个人所得税微观数据没有公开，行政部门的高收入人群的相关数据信息难以获取，所以在修正中国高收入人群的收入缺失时，应综合考虑中国住户调查数据的特点，以及我国其他来源数据的可得性，使用比较复杂的参数模型来拟合高净值人群。因此，高质量的微观数据与拟合分布技术并进将是今后修正中国高收入人群缺失问题、改善住户调查数据对高收入人群的代表性的研究方向。

对高收入人群的收入进行估算之后划定相对贫困线，可以考虑在五年之内保持稳定，只需要根据价格指数进行调整。

4. 编制空间价格指数

中国经济地区不均衡程度高，收入和消费水平差异大，同样的收入在不同地区的购买力差异很大，因此相对贫困标准的制定还需要考虑构造空间价格指数，否则相对贫困人群势必都集中在经济欠发达地区。这也涉及政府相应的数据供给能力。倘若现在制定了全国统一的相对贫困线，我们还无法调整得到各省的贫困线，因为目前还没有空间价格指数。

空间价格指数要能够反映出各省的购买力。这一点可以借鉴 ICP 中的购买力平价指数方法，编制地区价格指数。因此需要确定空间价格指数的规格品、权重等信息。地区价格指数的计算一般包括对单个产品、基本分类和基本分类以上层级价格指数的计算，其中包括在不同层级上合成方法的选择。

5. 进一步完善税收体系和税收数据库

目前中国刚刚采用的个人所得税征信系统，能够在很大程度上提高个人所得税的真实性。进一步完善个人所得税的征收和管理，以及相应数据库的建设，这既是保证公平的一种重要政策，同时对我们把握收入分布信息来说，也是非常重要的数据源。联合国 2019 年人类发展报告中指出：目前 SNA 主要核算的是总量指标，在 2022—2024 年，或许会将人群的收入和财富分配包括进 SNA 体系，建设分配性国民账户（distributional national accounts，DINA）。此外现在世界不平等数据库（wid.world）、美国杜兰大学 CEQ（commitment to equity）数据中心等都提出了健全税前、税后等各层级的收入概念，以更全面掌握收入的分布信息。这些工作都提示我们应该进一步完善我国的税收体系和税收数据库建设，以得到更准确的收入信息。

参考文献

阿马蒂亚·森，2006. 论经济不平等 不平等之再考察［M］. 王利文，于占杰，译. 北京：社会科学文献出版社.

陈辉，2013. 一维到多维贫困测度比较研究［C］// Scientific Research Publishing. Proceedings of the 4th International Conference on Engineering and Business Management. ［S.l.］：Scientific Research Publishing.

陈辉，2015. 一维到多维贫困测度比较研究：基于粤北山区的调查数据［J］. 特区经济（1）：65-68.

陈立中，2008. 转型时期我国多维度贫困测算及其分解［J］. 经济评论（5）：5-10，25.

储德银，赵飞，2013. 财政分权、政府转移支付与农村贫困：基于预算内外和收支双重维度的门槛效应分析［J］. 财经研究，39（9）：4-18.

杜凤莲，孙婧芳，2009. 经济增长、收入分配与减贫效应：基于1991—2004年面板数据的分析［J］. 经济科学（3）：15-26.

杜凤莲，孙婧芳，2011. 贫困影响因素与贫困敏感性的实证分析：基于1991—2009的面板数据［J］. 经济科学（3）：57-67.

都阳，蔡昉，2005. 中国农村贫困性质的变化与扶贫战略调整［J］. 中国农村观察（5）：2-9，22.

都阳，Park A，2007. 中国的城市贫困：社会救助及其效应［J］. 经济研究（12）：24-33.

樊丽明，解垩，2014. 公共转移支付减少了贫困脆弱性吗？［J］. 经济研究，49（8）：67-78.

方迎风，2012. 中国贫困的多维测度［J］. 当代经济科学，34（4）：7-15，124.

方迎风，张芬，2017. 多维贫困测度的稳定性分析［J］. 统计与决策（24）：

84-89.

冯星光，张晓静，2006. 贫困测度指标及其评价［J］. 统计与信息论坛（3）：22-26，44.

高建民，李逸舒，沈迟，等，2014. 度量陕西省城镇和农村贫困：基于不同贫困线和指标的对比研究［J］. 中国卫生经济，33（7）：47-50.

高帅，2015. 社会地位、收入与多维贫困的动态演变：基于能力剥夺视角的分析［J］. 上海财经大学学报，17（3）：32-40，49.

高艳云，2012. 中国城乡多维贫困的测度及比较［J］. 统计研究，29（11）：61-66.

高艳云，马瑜，2013. 多维框架下中国家庭贫困的动态识别［J］. 统计研究，30（12）：89-94.

高艳云，马瑜，2014. 多维贫困测度方法比较及其展望［J］. 兰州商学院学报，30（4）：108-113.

高艳云，王曦璟，2016. 教育改善贫困效应的地区异质性研究［J］. 统计研究，33（9）：70-77.

高艳云，王曦璟，2018. 一维与多维标准下贫困关联性与致贫因素异同研究［J］. 软科学，32（12）：15-18.

郭建宇，2012. 农户多维贫困程度与特征分析：基于山西农村贫困监测数据［J］. 农村经济（3）：19-22.

郭建宇，吴国宝，2012. 基于不同指标及权重选择的多维贫困测量：以山西省贫困县为例［J］. 中国农村经济（2）：12-20.

郭熙保，罗知，2005. 论贫困概念的演进［J］. 江西社会科学（11）：38-43.

哈特利·迪恩，2009. 社会政策学十讲［M］. 上海：格致出版社.

韩林芝，邓强，2009. 我国农村贫困主要影响因子的灰色关联分析［J］. 中国人口·资源与环境，19（4）：89-94.

何晓群，2015. 应用多元统计分析（第2版）［M］. 北京：中国统计出版社.

洪兴建，邓倩，2013. 中国农村贫困的动态研究［J］. 统计研究，30（5）：25-30.

侯文，2006. 对应用主成分法进行综合评价的探讨［J］. 数理统计与管理（2）：211-214.

胡鞍钢，诸丹丹，童旭光，2009. 省级多维减贫经验：以青海省为例［C］// 中国科学院：清华大学国情研究中心. 国情报告（第十二卷 2009 年（上）). 清华大学国情研究中心，12.

胡兵，胡宝娣，赖景生，2005. 经济增长、收入分配对农村贫困变动的影响 [J].
  财经研究（8）：89-99.

黄清峰，2013. 社会保障支出与农村贫困减少动态关系的实证检验 [J]. 统计
  与决策（19）：102-104.

江求川，2014. 基于能力分析法的中国不平等问题研究 [D]. 武汉：华中科技
  大学.

江求川，2015. 中国福利不平等的演化及分解 [J]. 经济学（季刊），14（4）：
  1417-1444.

蒋翠侠，许启发，李亚琴，2011. 中国家庭多维贫困的统计测度 [J]. 统计与
  决策（22）：92-95.

李春玲，2003. 文化水平如何影响人们的经济收入：对目前教育的经济收益率
  的考查 [J]. 社会学研究（3）：64-76.

李佳路，2010. 农户多维度贫困测量：以 S 省 30 个国家扶贫开发工作重点县
  为例 [J]. 财贸经济（10）：63-68.

李丽，白雪梅，2010. 我国城乡居民家庭贫困脆弱性的测度与分解：基于
  CHNS 微观数据的实证研究 [J]. 数量经济技术经济研究（8）：61-73.

李晓嘉，2015. 教育能促进脱贫吗：基于 CFPS 农户数据的实证研究 [J]. 北
  京大学教育评论，13（4）：110-122.

李盛基，2014. 中国农村财政支出的减贫作用机制及效果研究 [D]. 长春：东
  北师范大学.

李小云，李周，唐丽霞，等，2005. 参与式贫困指数的开发与验证 [J]. 中国
  农村经济（5）：39-46.

林伯强，2003. 中国的经济增长、贫困减少与政策选择 [J]. 经济研究（12）：
  15-25，90.

林伯强，2005. 中国的政府公共支出与减贫政策 [J]. 经济研究（1）：27-37.

刘伟，黎洁，2014. 西部山区农户多维贫困测量：基于陕西安康市 1404 份问
  卷的调查 [J]. 农村经济（5）：14-18.

刘穷志，2008. 增长、不平等与贫困：政府支出均衡激励路径 [J]. 财贸经济（12）：
  58-62.

刘穷志，2010. 转移支付激励与贫困减少：基于 PSM 技术的分析 [J]. 中国软
  科学（9）：8-15.

刘修岩，章元，贺小海，2007. 教育与消除农村贫困：基于上海市农户调查数
  据的实证研究 [J]. 中国农村经济（10）：61-68.

刘一伟，2017. 社会保障支出对居民多维贫困的影响及其机制分析 [J]. 中央财经大学学报 (7)：7-18.

卢盛峰，卢洪友，2013. 政府救助能够帮助低收入群体走出贫困吗?：基于1989-2009 年 CHNS 数据的实证研究 [J]. 财经研究，39 (1)：4-16.

卢现祥，徐俊武，2009. 公共政策、减贫与有利于穷人的经济增长：基于1995—2006 年中国各省转移支付的分析 [J]. 制度经济学研究 (2)：112-125.

罗楚亮，2010. 农村贫困的动态变化 [J]. 经济研究，45 (5)：123-138.

吕文慧，方福前，2011. 中国城镇居民功能不平等计量分析：基于阿马蒂亚·森的能力方法 [J]. 中国人民大学学报，25 (6)：81-90.

马丁·瑞沃林，2005. 贫困的比较 [M]. 赵俊超，译. 北京：北京大学出版社.

人民网，2015. 习近平出席 2015 减贫与发展高层论坛并发表主旨演讲 [EB/OL]. (2015-10-17). http://cpc.people.com.cn/n/2015/1017/c64094-27709104.html.

尚卫平，姚智谋，2005. 多维贫困测度方法研究 [J]. 财经研究 (12)：88-94.

单德朋，2012. 教育效能和结构对西部地区贫困减缓的影响研究 [J]. 中国人口科学 (5)：84-94.

孙道志，2006. 统计分析中对应分析方法应用 [J]. 黄山学院学报 (3)：13-16.

陶爱萍，班涛，张淑安，2015. 地方财政支出减贫效应的省际差异比较：基于中部五省经验数据的分析 [J]. 华东经济管理，29 (7)：64-70.

UNDP，2014. 促进人类持续进步：降低脆弱性，增强抗逆力 [R]. 东京：UNDP.

万广华，张茵，2006. 收入增长与不平等对我国贫困的影响 [J]. 经济研究 (6)：112-123.

万广华，章元，2009. 我们能够在多大程度上准确预测贫困脆弱性? [J]. 数量经济技术经济研究 (6)：138-148.

王朝明，2008. 中国农村 30 年开发式扶贫：政策实践与理论反思 [J]. 贵州财经学院学报 (6)：78-84.

王济川，谢海义，姜宝法，2008. 多层统计分析模型：方法与应用 [M]. 北京：高等教育出版社.

王晶，高艳云，2018. 中国地区贫困与社会发展不匹配问题 [J]. 财经科学 (9)：95-106.

王娟，张克中，2012. 公共支出结构与农村减贫：基于省级面板数据的证据 [J]. 中国农村经济 (1)：31-42.

王萍萍，方湖柳，李兴平，2006. 中国贫困标准与国际贫困标准的比较 [J]. 中国农村经济 (12)：62-68.

王荣党，2017. 效率与公平视角下贫困线优化的哲学支点决断 [J]. 社会科学 (8)：51-58.

汪三贵，2008. 在发展中战胜贫困：对中国 30 年大规模减贫经验的总结与评价 [J]. 管理世界 (11)：78-88.

王素霞，王小林，2013. 中国多维贫困测量 [J]. 中国农业大学学报（社会科学版），30 (2)：129-136.

王曦璟，高艳云，2017. 地区公共服务供给与转移支付减贫效应研究——基于多维贫困分析框架 [J]. 财经理论与实践，38 (2)：92-98.

王曦璟，高艳云，2018. 多维框架下的中国不平等测度及分解 [J]. 统计研究，35 (2)：53-65.

王曦璟，高艳云，2016. 授之以鱼还是授之以渔？：论地区公共服务供给与转移支付减贫效应 [C] //中国数量经济学会，中央财经大学. 21 世纪数量经济学（第 17 卷）. 中国数量经济学会：15.

王小林，SabinaAlkire，2009. 中国多维贫困测量：估计和政策含义 [J]. 中国农村经济 (12)：4-10, 23.

王小林，2012. 贫困测量：理论与方法 [M]. 北京：社会科学文献出版社.

王晓琦，顾昕，2015. 中国贫困线水平研究 [J]. 学习与实践 (5)：76-87.

王玉丹，2018. 基于分位数回归方法的人力资本减贫效应研究：以模糊集方法测度贫困 [D]. 太原：山西财经大学.

魏众，B. 古斯塔夫森，1998. 中国转型时期的贫困变动分析 [J]. 经济研究，00 (11)：64-68.

文雯，2015. 城市低保与家庭减贫：基于 CHIPS 数据的实证分析 [J]. 人口与经济 (2)：108-118.

吴瑞林，祖霏云，2010. 多分格相关系数的估计与应用 [J]. 统计与决策 (3)：25-28.

夏庆杰，宋丽娜，SIMON A，2007. 中国城镇贫困的变化趋势和模式：1988—2002 [J]. 经济研究 (9)：96-111.

鲜祖德, 1996. 中国农村贫困问题浅析 [J]. 经济研究参考 (C6): 34.

鲜祖德, 1996. 中国农村贫困问题引起国际关注: 问题、方法与建议 [J]. 调研世界 (1): 22-24.

鲜祖德, 王萍萍, 吴伟, 2016. 中国农村贫困标准与贫困监测 [J]. 统计研究, 33 (9): 3-12.

解垩, 2010. 公共转移支付和私人转移支付对农村贫困、不平等的影响: 反事实分析 [J]. 财贸经济 (12): 56-61.

徐月宾, 刘凤芹, 张秀兰, 2007. 中国农村反贫困政策的反思: 从社会救助向社会保护转变 [J]. 中国社会科学 (3): 40-53, 203-204.

姚建平, 2009. 我国城市贫困线与政策目标定位的思考 [J]. 社会科学 (10): 68-76, 189.

叶初升, 王红霞, 2010. 多维贫困及其度量研究的最新进展: 问题与方法 [J]. 湖北经济学院学报, 8 (6): 5-11.

叶初升, 赵锐, 2011. 村级贫困的度量: 维度与方法 [J]. 发展经济学研究 (0): 383-402.

叶初升, 赵锐, 2013. 中国农村的动态贫困: 状态转化与持续: 基于中国健康与营养调查微观数据的生存分析 [J]. 华中农业大学学报 (社会科学版) (3): 42-52.

攸频, 田菁, 2009. 贫困减少与经济增长和收入不平等的关系研究: 基于时序数据 [J]. 管理科学, 22 (4): 115-120.

张驰, 2003. 我国各地区城乡居民人均收入的对应分析 [J]. 数理统计与管理 (1): 14-18.

张建华, 陈立中, 2006. 总量贫困测度研究述评 [J]. 经济学 (季刊) (2): 675-694.

张焕明, 2011. 农民工家庭贫困水平: 模糊收入线测度及代际传递性原因 [J]. 中国经济问题 (6): 31-43.

张庆红, 2015. 新疆城镇贫困的测度及影响因素分析 [J]. 石河子大学学报 (哲学社会科学版), 29 (1): 25-30.

张全红, 2010. 对中国农村贫困线和贫困人口的再测算 [J]. 农村经济 (2): 51-54.

张全红, 周强, 2014. 多维贫困测量及述评 [J]. 经济与管理, 28 (1): 24-31.

张全红, 周强, 2014. 中国多维贫困的测度及分解: 1989~2009 年 [J]. 数量经济技术经济研究，31（6）：88-101.

张全红，周强，2015. 中国贫困测度的多维方法和实证应用 [J]. 中国软科学（7）：29-41.

张伟宾，汪三贵，2013. 扶贫政策、收入分配与中国农村减贫 [J]. 农业经济问题，34（2）：67-75，111.

张世君，2017. 多维贫困指数测定中权重设定的比较研究 [D]. 太原：山西财经大学.

章元，万广华，史清华，2013. 暂时性贫困与慢性贫困的度量、分解和决定因素分析 [J]. 经济研究，48（4）：119-129.

中国新闻网，2015. 习近平：为8亿多人仍然在挨饿而担忧 [EB/OL].（2015-10-16). http://www.chinanews.com/gn/2015/10-16/7572996.shtml.

邹薇，方迎风，2011. 关于中国贫困的动态多维度研究 [J]. 中国人口科学（6）：49-59，111.

邹薇，张芬，2006. 农村地区收入差异与人力资本积累 [J]. 中国社会科学（2）：67-79.

朱玲，2004. 西藏农牧区基层公共服务供给与减少贫困 [J]. 管理世界（4）：41-50，155-156.

朱农，2003. 论教育对中国农村家庭生产活动和收入的作用 [J]. 中国人口科学（2）：21-30.

ALAQ M, SHLASH A, 2014. Iraq human development report 2014: Iraqi youth challenges and opportunities [R]. Iraq Ministry of Planning.

ALKIRE S, 2002. Dimensions of human development [J]. World Development, 30 (2): 181-205.

ALKIRE S, 2017. The missing dimensions of poverty data: Introduction to the special issue [J]. Oxford Development Studies, 35 (4): 347-359.

ALKIRE S, Foster J, 2010. Counting and multidimensional poverty measurement [J]. Journal of Public Economics, 95 (7): 476-487.

ALKIRE S, FOSTER J, 2011. Designing the inequality-adjusted human development index (HDI) [R]. Oxford: OPHI working paper No. 37.

ALKIRE S, FOSTER J, SUMAN S, et al., 2015. Multidimensional poverty measurement and analysis [M]. Oxford: Oxford University Press.

ALKIRE S, SANTOS M E, 2011. Acute Multidimensional Poverty: A new index for developing countries [C]. Oxford: OPHI working paper No. 38.

ALKIRE S, SHEN Y, 2015. Exploring multidimensional poverty in China [R]. Oxford: OHPI Working Paper.

AMINI C, BIANCO S D, 2016. Poverty, growth, inequality and pro-poor factors: New evidence from macro data [J]. Journal of Developing Areas, 50 (2): 231–254.

ANGUS D, k. Rice prices and income distribution in Thailand: A non-parametric analysis [J]. The Economic Journal, 99 (395): 1–37.

ARDINGTON C., CASE A., HOSEGOOD V, 2007. Labor supply response to large social transfer: Longitudinal evidence from South African [R]. [S.l.]: NBER Working Paper.

ASSELIN L M, 2009. Analysis of multidimensional poverty [M]. New York: Springer.

BANERJEE A K, 2010. A multidimensional Gini index [J]. Mathematical Social Sciences, 60 (2): 87–93.

BAULCH B, MASSET E, 2003. Do monetary and nonmonetary indicators tell the same story about chronic poverty? A study of Vietnam in the 1990s [J]. World Development, 31 (3): 441–453.

BEHRMAN J R, 1990. The action of human resources and poverty on one another: What we have yet to learn [R]. [S.l.]: World Bank Working Paper No. 74.

BELHADJ B, 2012. New weighting scheme for the dimensions in multidimensional poverty indices [J]. Economics Letters, 116 (3): 304–307.

BELHADJ B, LIMAM M, 2012. Unidimensional and multidimensional fuzzy poverty measures: New approach [J]. Economic Modelling, 29 (4): 995–1002.

BETTI G, VERMA V, 2008. Fuzzy measures of the incidence of relative poverty and deprivation: A multi-dimensional perspective [J]. Statistics Methods & Applications, 17 (2): 225–250.

BOURGUIGNON F, CHAKRAVARTY S R, 2003. The measurement of multidimensional poverty [J]. The Journal of Economic Inequality, 1 (1): 25–49.

CERIOLI A, ZANI S, 1990. A fuzzy approach to the measurement of poverty [C] // DAGUM C, ZENGA M. Income and wealth distribution, inequality and poverty. Italy: [S.n.].

CHAKRAVARTY S R, DEUTSCH J, SILBER J, 2008. On the Watts multidimensional poverty index and its decomposition [J]. World Development, 36 (6): 1067–1077.

CHELI B, GHELLINI G, LEMMI A, et al., 1994. Measuring poverty in the countries in transition via TFR method: The case of Poland in 1990—1991 [J]. Statistics in Transition, 1 (5): 585–636.

CHELI B, LEMMI A, 1995. A totally fuzzy and relative approach to the multidimensional analysis of poverty [J]. Economic Notes, 24 (1): 115–133.

CHEN S, MU R, RAVALLION M, 2006. Are there lasting impact of aid to poor area? Evidence from rural China [R]. [S.l.]: World Bank Working Paper.

Chile MDS. Situación de la pobreza en Chile: Presentación de la nueva metodología de medición de la pobreza y síntesis de los principales resultados [R]. [S.l.]: Gobierno de Chile, 2015.

CHOWDHURY S, SQUIRE L, 2006. Setting weights for aggregate indices: An application to the commitment to development index and human development index [J]. The Journal of Development Studies, 42 (5): 761–771.

DARITY W A, MYERS S L, 1987. Do transfer payments keep the poor in poverty? [J]. The American Economic Review, 77 (2): 216–222.

DATT G, RAVALLION M, 1992. Growth and redistribution components of changes in poverty measures: A decomposition with applications to Brazil and India in the 1980s [J]. Journal of Development Economics, 38 (2): 275–295.

DEATON A, 1989. Rice prices and income distribution in Thailand: A non-parametric analysis [J]. Economic Journal, 99 (395): 1–37.

DEATON A, 1997. The analysis of household surveys: A micro-econometric approach to development policy [M]. Baltimore: Johns Hopkins University Press.

DECANCQ K, LUGO M A, 2012. Weights in multidimensional indices of well-being: An overview [J]. Econometric Reviews, 32 (1): 7–34.

DECANCQ K, LUGO M A, 2012. Inequality of wellbeing: A multidimensional approach [J]. Economica, 76 (316): 721–746.

DEUTSCH J, SILBER J, 2005. Measuring multidimensional poverty: An empirical comparison of various approaches [J]. Review of Income and Wealth, 51 (1): 145–174.

DUCLOS J Y, SAHN D, YOUNGER S D, 2006. Robust multidimensional poverty comparisons with discrete indicators of well-being [J]. Social Science Electronic

Publishing, 116 (514): 943-968.

EMMANUEL S, VINCENZO D M, 2006. Conditional cash transfers, adult work incentives and poverty [J]. The World Bank Impact Evaluation Series No. 5.

ERREYGERS G, 2006. Beyond the Health Concentration Index: An Atkinson alternative for the measurement of the socioeconomic inequality of health [J]. Working Papers, 22 (7): 777-787.

EZZRARI A, VERME P, 2012. A multiple correspondence analysis approach to the measurement of multidimensional poverty in Morocco, 2001—2007 [R]. [S.l.]: The World Bank Policy Research Working Paper.

FANG C, ZHANG X B, FAN S G, 2002. Emergence of urban poverty and inequality in China: Evidence from household survey [J]. China Economic Review, 13 (4): 430-443.

FERREIRA F H G, CHEN S H, DABALEN A, et at., 2016. A global count of the extreme poor in 2012: Data issues, methodology and initial results [J]. The Journal of Economic Inequality, 14 (2): 141-172.

FILIPPONE A, CHELI B, D'AGOSTINO A, 2001. Addressing the interpretation and the aggregation problems in totally fuzzy and relative poverty measures [J]. ISER Working Paper Series, 34 (4): 397-405.

FLIK R J, PRAAG B M S, 1991. Subjective poverty line definitions [J]. De Economist, 139 (3): 311-330.

FOSTER J E, 1998. Absolute versus relative poverty [J]. The American Economic Review, 88 (2): 335-341.

GAJDOS T, WEYMARK J A, 2005. Multidimensional generalized Gini indices [J]. Economic Theory, 26 (3): 471-496.

GOEDHART T, HALBERSTADT V, KAPTEYN A, et al., 1977. The poverty line: Concept and measurement [J]. The Journal of Human Resources, 12 (4): 503-520.

GÜNTHER I, KLASEN S, 2009. Measuring chronic non-income poverty [C] // ADDISON T, HULME D, KANBUR R. Poverty dynamics: Interdisciplinary perspectives. Oxford: Oxford University Press.

GUSTAFSSON B, LI S, 2003. Expenditures on education and health care and poverty in rural China [J]. China Economic Review, 15 (3): 292-301.

HAGENAARS A, 1987. A class of poverty indices [J]. International Economic Review, 28 (3): 583- 607.

IVANOV A, KELLER S, TILL-TENTSCHERT U, 2015. Roma poverty and depriva-
tion: The need for multidimensional anti-poverty measures [R]. Oxford: OPHI
working paper.

JUNG H, THORBECKE E, 2003. The impact of public education expenditure on hu-
man capital, growth, and poverty in Tanzania and Zambia: A general equilibrium
approach [J]. Journal of Policy Modeling, 25 (8): 701-725.

JUSTINO P, 2012. Multidimensional welfare distributions: empirical application to
household panel data from Vietnam [J]. Applied Economics, 44 (26): 3391-
3405.

KAKWANI N, PERNIA E M, 2000. What is Pro-poor Growth? [J]. Asian develop-
ment review, 18 (1).

KAPTEYN A, KOOREMAN P, WILLEMSE R, 1988. Some methodological issues in
the implementation of subjective poverty definitions [J]. The Journal of Human Re-
sources, 23 (2): 222-242.

KIM S G, 2012. Measuring poverty as a fuzzy and multidimensional concept: Theory
and evidence from the United Kingdom [D]. Pittsburgh: University of Pittsburgh.

KRUIJK H D, RUTTEN M, 2007. Weighting dimensions of poverty based on peoples'
priorities: Constructing a composite poverty index for the Maldives [R]. [S.l.]:
Q-Squared Working Paper No. 35.

KOLENIKOV S, ANGELES G, 2004. The use of discrete data in PCA: Theory, sim-
ulations and applications to socioeconomic indices [R]. [S.l.]: Working Paper of
Measure/Evaluation Project.

KRISHNAKUMAR J, NAGAR A L, 2008. On exact statistical properties of multidi-
mensional indices based on principal components, factor analysis, MIMIC and
structural equation models [J]. Social Indicators Research, 86 (3): 481-496.

KULLBACK S, LEIBLER R A, 1951. On information and sufficiency [J]. The An-
nals of Statistics, 22 (1): 79-86.

KUROSAKI T, KHAN H, 2001. Human capital and elimination of rural poverty: a
case study of the north-west frontier province, Pakistan [J]. IER Discussion Paper
Series B No. 25: 1-41.

LADERCHI C R, 1997. Poverty and its Many Dimensions: The role of income as an
indicator [J]. Oxford Development Studies, 25 (3): 345-360.

LAL D, SHARMA A, 2009. Private household transfers and poverty alleviation in rural India: 1998-99 [J]. Margin, 3 (2): 97-112.

LEMMI A, BETTI G, 2006. Fuzzy set approach to multidimensional poverty measurement [M]. Berlin: Springer press.

LIUCH C, 1973. The extended linear expenditure system [J]. European Economic Review, 4 (1): 21-32.

LOVELL C A K, TRAVERS P, RICHARDSON S, et al., 1994. Resources and Functioning's: A new view of inequality in Australia [M] //Anon. Models and measurement of welfare and inequality. Berlin: Springer Berlin Heidelberg.

LUCAS R E, 1988. On the mechanics of economic development [J]. Journal of Monetary Economics, 22 (1): 3-42.

LUGO M A, MAASOUMI E, 2009. Multidimensional poverty measures from an information theory perspective [R]. Oxford: OPHI Working Paper.

LUSTIG N, SILBER J, 2016. Introduction to the special issue on global poverty lines [J]. Journal of Inequality, 14 (2): 129-140.

MAASOUMI E, 1986. The measurement and decomposition of multi-dimensional inequality [J]. Econometrica, 54 (4): 991-997.

MAASOUMI E, YALONETZKY G, 2012. Introduction to robustness in multidimensional well-being analysis [J]. Econometric Reviews, 32 (1): 1-6.

MEYER M, STRULOVICI B, 2012. Increasing interdependence of multivariate distributions [J]. Journal of Economic Theory, 147 (4): 1460-1489.

MULLER C, 2006. Defining poverty lines as a fraction of central tendency [J]. Southern Economic Journal, 72 (3): 720-729.

MURPHY B, ZHANG X L, DIONNE C, 2012. Low Income in Canada: A multi-line and multi-index perspective [R]. Income Research Paper Series.

NAGA R H A, GEOFFARD P Y, 2005. Decomposition of bivariate inequality indices by attributes [J]. Economics Letters, 90 (3): 362-367.

NJONG A M, NINGAYE P, 2008. Characterizing weights in the measurement of multidimensional poverty: An application of data-driven approaches to Cameroonian data [R]. Oxford: OPHI working paper.

NOLAN B, WHELAN C T, 2011. Poverty and deprivation in Europe [M]. Oxford: Oxford University Press.

NSB-RGOB, 2014. Bhutan: Multidimensional poverty index 2012 [M]. Thimphu:

National Statistics Bureau.

NUSSBAUM M C, 2000. Women and Human Development: The Capabilities Approach [M]. Cambridge: Cambridge University Press.

PARKER D, KIRKPATRICK C, THEODORAKOPOULOU C F, 2006. Infrastructure regulation and poverty reduction in developing countries: A review of the evidence and a research agenda [J]. The Quarterly Review of Economics and Finance, 48 (2): 177-188.

QIZILBASH M, 2003. Vague language and precise measurement: The case of poverty [J]. Journal of Economic Methodology, 10 (1): 41-58.

QUISUMBING A R, 2003. Food aid and child nutrition in rural Ethiopia [J]. World Development, 31 (7): 1309-1324.

RAMOS X, SILBER J, 2005. On the application of efficiency analysis to the study of the dimensions of human development [J]. Review of Income and Wealth, 51 (2): 285-309.

RAVALLION M, 2001. Growth, inequality and poverty: Looking beyond averages [J]. World Development, 29 (11): 1803-1815.

RAVALLION M, BIDANI B, 1994. How robust is a poverty profile? [J]. The World Bank Economic Review, 8 (1): 75-102.

RAVALLION M, CHEN S H, 2013. A proposal for truly global poverty measures [J]. Global Policy, 4 (3): 258-265.

RAVALLION M, CHEN S H, SANGRAULA P, 2009. Dollar a day revisited [J]. The World Bank Economic Review, 23 (2): 163-184.

ROBEYNS I, 2006. The capability approach in practice [J]. Journal of Political Philosophy, 14 (3): 351-376.

ROSS SHELDON M, 2013. Simulation [M]. 5th ed. [S.l.]: Elsevier.

ROWNTREE B S, 1902. Poverty, a study of town life [M]. London: Macmillan.

SANTOS M E, VILLATORO P, MANCERO X, et al., 2015. A multidimensional poverty index for Latin America [R]. Oxford: OPHI Working Papers No. 79.

SEN A, 2004. Capabilities, lists, and public reason: Continuing the conversation [J]. Feminist Economics, 10 (3): 77-80.

SEN A, 1976. Liberty, unanimity and rights [J]. Economica, 43 (171): 213-245.

SEN A, 1976. Welfare inequalities and Rawlsian axiomatics [J]. Theory & Decision,

7 (4): 243-262.

SEN A, 1976. Poverty: An ordinal approach to measurement [J]. Econometrica, 44 (2): 219-231.

SEN A, 1981. Poverty and famines [M]. Oxford: Oxford University Press.

SEN A, 1983. Poor, relatively speaking [J]. Oxford Economic Papers, 35 (2): 153-169.

SEN A, 1999. Development as freedom [M]. Oxford: Oxford University Press.

SEN A, ANAND S, 1997. Concepts of human development and poverty: A multidimensional perspective [C] //UNDP. Poverty and human development: Human development papers 1997. New York: UNDP.

SETH S, ALKIRE S, 2014. Measuring and decomposing inequality among the multidimensionality poor using ordinal data: A counting approach [R]. Oxford: OPHI working paper No. 68.

STIGLITZ J, SEN A, FITOUSSI J P, 2010. Mis-measuring our lives, why GDP doesn't add up [M]. New York: The New Press.

SUMARTO S, DE SILVA I, 2014. Beyond the Headcount: Examining the dynamics and patterns of multidimensional poverty in Indonesia [R]. [S.l.]: Munich Personal RoPEc Archive Papers.

THEIL H, 1967. Economics and information theory [M]. Chicago: Rand McNally.

THOMAS V, WANG Y, FAN X B, 2002. A new dataset on inequality in education: Gini and Theil indices of schooling for 140 countries 1960—2000 [R]. [S.l.]: [S.n.].

TILAK J, 2006. Post-elementary education, poverty and development in India [J]. International Journal of Educational Development, 27 (4): 435-445.

TOFALLIS C, 2013. An automatic-democratic approach to weight setting for the new human development index [J]. Journal of Population Economics, 26 (4): 1325-1345.

TOWNSEND PETER, 1979. Poverty in the United Kingdom [M]. Harmondsworth: Penguin.

TSUI K, 1995. Multidimensional generalizations of the relative and absolute inequality indices: The Atkinson-Kolm-Sen approach [J]. Journal of Economic Theory, 67 (1): 251-265.

TSUI K, 2002. Multidimensional poverty indices [J]. Social Choice and Welfare, 19 (1): 69-93.

UNDP, 2019. The 2019 Global multidimensional poverty index ［DB/OL］. http://hdr.undp.org/en/statistics/mpi/.

UNDP, 2013. Human Development Report 2013: The rise of the South-Human progress in a diverse world ［R］. New York: UNDP.

VAN DE WALLE D, 2004. Testing Vietnam's public safety net ［J］. Journal of Comparative Economics, 32（4）: 661-679.

VAN Q TRAN, ALKIRE S, KLASEN S, et al., 2015. Static and dynamic disparities between monetary and multidimensional poverty measurement: Evidence from Vietnam ［R］. Oxford: OPHI Working paper No. 97.

VERMA V, BETTI G, 2011. Taylor linearization sampling errors and design effects for poverty measures and other complex statistics ［J］. Journal of Applied Statistics, 38（8）: 1549-1576.

WASTON V, SUTTON M, DIBBEN C, et al., 2008. Deriving weights for the index of multiple deprivation based on social preference: The application of a discrete choice experiment ［R］. Oxford: OPHI working paper No. 23.

WORLD BANK, 2016. Monitoring global poverty ［R］. ［S.l.］: World Bank Publications.

YALONETZKY G, 2010. Is the multidimensional poverty index robust to different weights? ［R］. Oxford: OPHI Research in Progress.

ZADEH L A, 1966. Shadows of fuzzy sets ［J］. Problemy Peredaci Informacii, 2.